古典文獻研究輯刊

十二編

潘美月・杜潔祥 主編

第 14 冊

方苞的《周禮》學研究（下）

劉 康 威 著

國家圖書館出版品預行編目資料

方苞的《周禮》學研究（下）／劉康威 著 — 初版 — 新北市：
花木蘭文化出版社，2011〔民100〕
目 2+160 面；19×26 公分
（古典文獻研究輯刊 十二編；第 14 冊）
ISBN：978-986-254-407-5（精裝）
1.（清）方苞　2.周禮　3.研究考訂
011.08　　　　　　　　　　　　　　　　100000215

ISBN-978-986-254-407-5

9 789862 544075

古典文獻研究輯刊
十二編　第十四冊　　　　　　　ISBN：978-986-254-407-5

方苞的《周禮》學研究（下）

作　　者　劉康威
主　　編　潘美月　杜潔祥
總 編 輯　杜潔祥
企劃出版　北京大學文化資源研究中心
出　　版　花木蘭文化出版社
發 行 所　花木蘭文化出版社
發 行 人　高小娟
聯絡地址　新北市永和區中正路五九五號七樓之三
　　　　　電話：02-2923-1455／傳真：02-2923-1452
網　　址　http://www.huamulan.tw 信箱 sut81518@ms59.hinet.net
印　　刷　普羅文化出版廣告事業
初　　版　2011 年 3 月
定　　價　十二編 20 冊（精裝）新台幣 31,000 元
　　　　　　　　　　　　　　　　　　版權所有・請勿翻印

方苞的《周禮》學研究（下）

劉康威　著

目次

上 冊
第一章 緒 論 ··· 1
　第一節 研究動機 ··· 1
　第二節 前人研究成果的檢討 ··························· 6
　　一、綜合討論 ··· 6
　　二、關於方苞《周官辨》等辨偽內容的討論 ········· 7
　　三、關於方苞爲康有爲等辨偽的源頭 ··············· 11
第二章 方苞的生平與著作 ······························· 15
　第一節 生平、學思、交遊與弟子 ····················· 15
　　一、生平 ··· 15
　　二、學思 ··· 27
　　三、交遊與弟子 ·· 39
　第二節 著 作 ·· 48
　　一、自著 ··· 49
　　二、編纂 ··· 66
　　三、其他 ··· 67
第三章 方苞與《三禮義疏》的纂修 ····················· 71
　第一節 方苞研治禮學的經過 ··························· 71
　　一、研習諸經 ··· 71
　　二、研治《三禮》 ······································ 74
　第二節 參與纂修《三禮義疏》（上）················· 79
　　一、《欽定三禮義疏》的纂修動機 ··················· 79
　　二、《欽定三禮義疏》的纂修人 ····················· 82
　　三、《欽定三禮義疏》的內容與纂修方式 ············ 85
　第三節 參與纂修《三禮義疏》（下）················· 105
　　四、《欽定三禮義疏》的影響 ······················· 105
第四章 方苞的《周禮》觀 ······························· 125
　第一節 《周禮》名義 ··································· 125
　　一、復「《周官》」舊名 ···························· 125
　　二、分別《周禮》原書與〈考工記〉 ··············· 126
　　三、《周禮》、六官、〈考工記〉 ··················· 127
　第二節 反駁〈冬官〉未亡說 ··························· 138
　　一、〈冬官〉未亡說概述 ···························· 138
　　二、方苞的反駁 ·· 142
　第三節 《周禮》與聖人之治 ··························· 147
　　一、《周禮》中的聖人之治 ·························· 150

二、後代的變化與遺留 ················· 156

下　冊
第五章　方苞的《周禮》解經方法 ·········· 165
　第一節　集眾家之說 ················ 165
　第二節　對前人說法的態度 ············· 177
　　一、反駁，申其己說 ··············· 180
　　二、同意 ····················· 193
　　三、存疑 ····················· 196
　第三節　對《周禮》本文的校勘 ··········· 199
　　一、錯簡 ····················· 200
　　二、斷句（句讀） ················· 207
　　三、文誤 ····················· 210
　　四、衍文 ····················· 211
　　五、脫文 ····················· 212
　第四節　回歸經典 ················· 214
　　一、以經解經 ··················· 214
　　二、貫通全經 ··················· 220
　　三、義理解經 ··················· 234
第六章　方苞的《周禮》辨偽方法 ·········· 237
　第一節　方苞《周禮》辨偽的進程 ·········· 237
　　一、《周禮》真偽與辨偽的轉移 ·········· 237
　　二、《周官集注》與《周官辨》等書相關說法
　　　　的比較 ···················· 253
　第二節　方苞的《周禮》辨偽的完成 ········· 262
　　一、亂政之事 ··················· 262
　　二、妖妄愚誣之事 ················· 268

第七章　結　論 ··················· 279
附　表 ······················· 285
　附表一　《欽定三禮義疏》纂修人員表 ········ 285
　附表二　《欽定三禮義疏》引用各家姓氏表 ····· 288

參考書目 ······················ 311

書　影 ······················· 321
　書影一　《周官集注》 ··············· 321
　書影二　《周官析疑》 ··············· 322
　書影三　《周官辨》 ················ 323

第五章 方苞的《周禮》解經方法

第一節 集眾家之說

　　方苞解釋《周禮》集眾家之說，其主要呈現在《周官集注》一書中，而其所引用共七十二家，徵引家數不算很多，內容也不是廣泛長篇。而方苞著此書的動機也並不在廣泛長篇的徵引，而是別擇諸家舊說。而方苞也說：「愚平生心力所竭，惟在別擇先儒經義。」〔註1〕方苞〈《周官集注》序〉說：

> 余嘗析其疑義，以示生徒，猶恐舊說難自別擇，乃並纂錄合爲一編，大指在發其端緒，使學者易求，故凡名物之纖悉，推說之衍蔓者，概無取焉。〔……〕其然，則是編所爲發其端緒者，特治經者所假道，而又豈病其過略也哉？〔註2〕

《周官集注》「大指在發其端緒」，名物纖悉，推說衍蔓，一概不取。故方苞以此書所發的端緒，「特治經者所假道」，而希望學者不要以其過於簡略爲病。而方苞也認爲「是編直指本義，〔……〕其深切治體者，略舉數端，以著聖人經理民物之實用，俾學者勿徒以資文學也。」〔註3〕由於其意在「發其端緒」、

〔註1〕　〔清〕方苞撰，劉季高點校：《方苞集》，集外文，卷十，〈與陳占咸大受〉，頁800。

〔註2〕　〔清〕方苞撰，劉季高點校：《方苞集》卷四，〈《周官集注》序〉，頁83。「故凡名物之纖悉，推說之衍蔓者，概無取焉。」劉季高誤標點爲「故凡名物之纖，悉推說之，衍蔓者概無取焉。」與文義不合，故改正之。

〔註3〕　〔清〕方苞撰：《周官集注》（臺北：臺灣商務印書館，1983年景印清乾隆間寫《文淵閣四庫全書》第101冊），卷首，〈條例〉第六條，頁5。

「直指本義」，於是內容相對來說，也較為精簡。方苞解經的依歸，其說：「蓋治經者，求其義之明而已，豈必說之自己出哉？」〔註4〕治經在於闡發經義，求得最合聖人義理的解說，不必龐雜徵引，也不必一定說法要從自己出。

今且以其引用標示各家姓氏之說法作統計，製成下表。而其引用各家，以其標示姓名者為主。而其有或稱姓名，或稱姓氏字號，或稱某氏，或字號、籍貫地名加姓氏等；或有同為一人之說，或稱姓名，或稱姓氏字號，或又稱某氏者；或同姓者稱某氏，實為不同人，情況不一。而其不詳為何人、何時代者，置於表最後。

另外，未標姓氏者，如稱「或曰」、「或謂」、「或以」、「舊說」等。鄭玄《注》、賈公彥《疏》，或直接引用，不標出處；或稱《注》、《疏》云云。此類皆甚多，暫不列入。

而《周官析疑》《考工記析疑》所引，多直稱其名。除有與《周官集注》重複者之外，則多為其親友故舊。如方舟（1665～1701）、方道章（1702～1748）、方道希（？～1741，方舟長子）、張自超（？～1718）、徐念祖（1655～1698）、劉捷（1655～1698）、劉齊（？～？）、鍾琬（1694～1772）、龔纓（？～？）、官獻瑤（1703～1783）、和風翔（1703～1736）、梅穀成（1681～1763）、李光型（？～？）、李鍾旺（1674～1729）、李鍾僑（1679～1732）、翁荃（？～？）等。

而《周官集注》以集眾家之說為主，故以《周官集注》作統計。

	引 用 姓 氏 稱 號	原 姓 名	引用次數
	先 秦		
1	管子、管仲	管 仲	5
2	孟子	孟 軻	3
3	莊子	莊 周	2
4	荀卿、荀子	荀 況	2
5	韓非子	韓 非	1
	漢代		
6	董子	董仲舒	1
7	杜子春	杜子春	5

〔註4〕 〔清〕方苞撰，劉季高點校：《方苞集》卷四，〈《禮記析疑》序〉，頁82。

8	鄭司農	鄭　眾	1
9	康成、(《鄭志》趙商問) 答曰、鄭康成	鄭　玄	5 〔註5〕
	晉　代		
10	干寶	干　寶	1
	北　魏		
11	闞駰	闞　駰	1
	唐　代		
12	陸贄	陸　贄	1
	宋　代		
13	歐陽永叔	歐陽修	1
14	李泰伯	李　覯	1
15	劉執中、劉氏	劉　彝	5
16	劉原父、劉公是、劉氏	劉　敞	3
17	張子、張氏	張　載	3
18	王安石、王介甫、臨川王氏	王安石	16
19	程子	程　頤	2
20	龜山楊氏	楊　時	1
21	王昭禹、王光遠	王昭禹	9
22	陳氏、陳用之	陳祥道	2
23	唐子西	唐　庚	1
24	王氏《詳說》	王十朋	4
25	鄭剛中	鄭　鍔	30
26	朱子	朱　熹	12
27	薛氏	薛季宣	3
28	陳君舉	陳傅良	1

〔註5〕　〔清〕方苞撰：《周官集注》（臺北：臺灣商務印書館，1983 年景印清乾隆間寫《文淵閣四庫全書》第 101 冊），卷二，〈天官・典絲〉，頁 66，引「先鄭謂良當爲苦，非也。」〔漢〕鄭玄注、〔唐〕賈公彥疏、〔清〕阮元等校勘：《周禮注疏》（臺北：藝文印書館，1997 年 8 月初版第 13 刷，影印清嘉慶二十一年江西南昌府學刊《十三經注疏》本），卷八，頁 124，鄭玄《注》說：「良當爲苦字之誤。」實應爲鄭玄之說，故歸鄭玄。而董仲舒、杜子春、鄭眾當引自鄭玄《注》。《鄭志》當引自賈公彥《疏》。以其特別標示，故從其舊。

29	項氏、項平甫	項安世	3
30	易氏、易彥祥	易　祓	24
31	葉氏	葉　時	3
32	劉迎	劉　迎	1
33	薛氏、薛平仲	薛　衡	3
34	楊謹仲	楊　恪	1
35	陳及之	陳　汲	3
36	節卿鄭氏	鄭伯謙	1
37	黃氏、黃文叔	黃　度	9
38	趙氏	趙　溥	10
39	李子華	李嘉會	2
40	孫氏、孫偉夫	孫之宏	2
41	王東巖、王次點	王與之	3
42	毛氏	毛彥清	1
43	毛氏	毛一清	1
44	勉齋黃氏	黃　榦	1
45	林鬳齋	林希逸	1
46	浚儀王氏	王應麟	1
	元　代		
47	貴與馬氏	馬端臨	1
	明　代		
48	魏氏、莊渠魏氏	魏　校	4
49	楊慎	楊　慎	1
50	王明齋、明齋王氏	王應電	11
51	王志長	王志長	7
52	鄧氏、潛谿鄧氏	鄧元錫	2
53	郝仲輿、郝京山	郝　敬	2
	清　代		
54	顧景范	顧祖禹	7
55	清溪李氏	李光地	3
56	李耜卿	李光坡	58

57	李廣卿	李光墺	3
58	王振聲、河間王氏	王蘭生	4
59	王志援	王志援〔註6〕	1
60	雁門馮氏	馮衡南（？）〔註7〕	1
61	蜀岡陳氏〔註8〕		2
	不詳時代、名字		
62	李倫		1
63	李世美		2
64	俞氏		1
65	毛氏		1
66	吳氏		2
67	楊氏		1
68	何氏		1
69	邱氏		1
70	丘氏		1
71	鄧氏		1
72	王氏		14
	總數		323

其所引用，標示姓名者共七十二家，引用總次數共三百二十三次。

先秦、漢代至唐代，共十二家，次數共二十八次。而宋代學者占最多，共三十四家，次數共一百六十三次。其家數約占全部的一半，而次數則約超過一半，可說是主要部分。其中鄭鍔（？～？）最多，有三十次。其次為易祓（？～？），有二十四次。再其次為王安石（1021～1086），有十六次。再來為朱熹（1130～1200），有十二次。接著，除了趙溥（？～？）十次之外，其他皆無超過十次者。元代僅有馬端臨一家，次數僅一次。明代有六家，次數共二十七次，其中王應電（？～？）最多，有十一次。其次為王志長（？～？），有七次。而清代，於方苞稍前或當時，應有八家，次數共七十八次，

〔註6〕 王志援，清代安徽省廣德直隸州建平縣人。康熙三十五年舉人，康熙四十五年進士。王志援與方苞同時，而方苞引其說。此人罕為人所知，特為此註。

〔註7〕 方苞《春秋直解》後序〉，〔清〕方苞撰，劉季高點校：《方苞集》，集外文，卷四，頁600提到「雁門馮衡南」，雁門馮氏疑即馮衡南。

〔註8〕 不詳為何人，依其稱呼方式與河間王氏、雁門馮氏同，應為清代人。

其中李光坡（1651～1723）最多，有五十八次，其他皆無超過十次者。

而方苞大量徵引宋代學者之說，方苞說：

> 欲理之明，必溯源六經，而切究乎宋、元諸儒之說。〔註9〕

方苞認爲想要使義理闡發透澈，必要溯源於六經，而深切探究宋、元諸儒之說。但是這也不是代表方苞於宋代學者的說法完全滿意。方苞說：

> 注、疏之學，莫善於《三禮》，其參伍倫類，彼此互證，用心與力，可謂艱矣。宋、元諸儒，因其說而紬繹焉，其於辭義之顯然者，亦既無可疑矣，而隱深者，則多未及焉。〔註10〕

又說：

> 又宋、元諸儒，文字繁委，頗有數語可盡，而散漫至千百言者，皆未暇冷汰。〔註11〕

既然是別擇諸家之說，則有贊成，也有反對，於其他時代的學者之說也是如此。

而其徵引也不是完全照錄原文，而可以說多爲約其大意，簡單扼要，而文字也不一定與原文完全相同。〔註12〕如《周官集注》〈天官・宮正〉序官：

> 正，長也。序官不以尊卑爲先後，而以緩急爲次第，故宮正隸前，內宰等隸後。凡命官曰正者，總其政也。曰司者，察其事也。曰典者，守其法也。曰職者，主其業也。曰掌者，專其任也。曰師者，訓其徒也。曰氏者，世其官也。曰人者，稱其材也。其餘如宮伯、膳夫、山虞、林衡之類，則各因其職事以起義也。（卷一，頁208）

其本於賈公彥《疏》之意，而賈《疏》文字甚長，有八百一十一字。〔註13〕方苞約其旨意，爲一百一十一字，內容簡潔扼要，易於理解。

又如〈春官・保章氏〉：「以星土辨九州之地，所封封域皆有分星，以觀妖祥」，引薛氏曰：

> 以十二次之星麗于九州，則爲星土，諸侯之封域，在此州者，即爲

〔註9〕 〔清〕方苞撰，劉季高點校：《方苞集》，集外文，卷二，〈進四書文選表〉，頁581。

〔註10〕 同前註，卷四，〈《禮記析疑》序〉，頁81。

〔註11〕 同前註，卷六，〈與呂宗華書〉，頁160。

〔註12〕 以下徵引例子以《周官集注》爲主。

〔註13〕 可參考〔漢〕鄭玄注、〔唐〕賈公彥疏、〔清〕阮元等校勘：《周禮注疏》卷一，〈天官・宮正〉序官，頁13。

其國分星。（卷六，頁 208）

此為薛季宣《周禮釋疑》之說。薛氏原說文字甚長，有一千零三十二字。而方苞只取此部分：

吾固謂十二次之星麗于九州，則為星土；分于天下諸侯，則為分星。

〔註 14〕

使得解說內容，簡潔扼要。

再如〈地官・閭師〉：「凡無職者出夫布。凡庶民不畜者祭無牲，不耕者祭無盛，不樹者無槨，不蠶者不帛，不績者不衰。」引朱子與薛氏說：

朱子謂：前以待士大夫之有土者，後乃庶民。薛氏謂：載師所罰，乃都家之長，公邑之吏，皆非也。（卷三，頁 106。）

薛季宣之說，原文有三百三十字。而方苞節取：

謂夫都家之長，公邑之吏，近郊、遠郊之所授，皆任地者也。〔註 15〕

此薛氏說的要意，而反對其說。

而如〈春官・羅氏〉：「羅氏掌羅烏鳥。蜡則作羅襦」，引薛氏曰：

《記》曰：羅氏致鹿與女，以戒諸侯曰：「好田好女者亡其國。」非真以鹿致也，蓋作羅以示之。非真以女致也，作襦以示之。（卷七，頁 244。）

薛季宣之說：

《漢書》云：人皆一襦，吾獨五襦。《晉史》云：先且作襦，後當作袴。帬襦襠，婦人之飾也。《郊特牲》：「歲十二月，合聚萬物而索饗之。」四方諸侯「草笠而至。」大羅氏，天子掌鳥獸之官，「致鹿與女」，戒諸侯曰：「好田好女者亡其國。」然以禮屬民而飲酒，存國家之大體，豈可真「致鹿與女」哉！以鹿不可致，故作羅以示之，女不可致，故作襦以示之耳。〔註 16〕

薛季宣之說，解釋「襦」為「帬襦襠，婦人之飾也。」對接著後引用《禮記・郊特牲》之意，與其引申的「以鹿不可致，故作羅以示之，女不可致，故作

〔註 14〕《周禮釋疑》已亡佚，王與之《周禮訂義》卷四十四引此說。〔宋〕薛季宣撰，張良權點校：《薛季宣集》（上海：上海社會科學出版社，2003 年 4 月），卷三十六，頁 579。薛季宣《浪語集》為三十五卷。《薛季宣集》將《周禮訂義》引的薛季宣《周禮釋疑》輯出，收入卷三十六。

〔註 15〕王與之《周禮訂義》卷二十一引此說。同前註，卷三十六，頁 569。

〔註 16〕王與之《周禮訂義》卷五十引此說。同前註，卷三十六，頁 583。

襦以示之耳」的闡釋，使其意義詳盡。而方苞約其說法的主要部分，於名詞意義的解釋方面，雖不如薛季宣本說詳盡。而方苞掌握其主要意義，也可說是簡單扼要。

而《周官集注》中解釋名詞與大意之語，有大多依《注》、《疏》的情況，如〈天官·女御〉序官：

　　〈昏義〉所謂御妻。御猶進也，侍也。（卷一，頁 11。）

〈夏采〉序官：

　　夏翟羽色。《禹貢》：徐州貢夏翟之羽。有虞氏以為綏，後世或無，故染鳥羽，象而用之，謂之夏采。（卷一，頁 12。）

〈地官·鄉大夫〉：「國有大故，則命民各守其閭，以待政令。」

　　皆聚于閭胥所治處。（卷三，頁 96。）

「以旌節輔令則達之。」

　　民雖以徵令行其將之者，無節則不得通。（卷三，頁 96。）

此為依鄭玄《注》。〔註 17〕而如〈內饔〉序官：

　　饔，和也。熟食須調和，故曰饔。（卷一，頁 8。）

〈幂人〉序官：

　　巾幂以覆飲食之物，故次飲食後。（卷一，頁 9。）

〈女史〉序官：

　　其職掌王后之禮職，內治之貳，〔……〕。（卷一，頁 12。）

此為依賈公彥《疏》。〔註 18〕

而方苞依其解說需要，也或有《注》、《疏》約其意而合為一條解說的情

〔註 17〕〔漢〕鄭玄注、〔唐〕賈公彥疏、〔清〕阮元等校勘：《周禮注疏》卷一，〈天官·女御〉序官，頁 18，文同。〈夏采〉序官，頁 19 說：「夏采，夏翟羽色。《禹貢》：徐州貢夏翟之羽。有虞氏以為綏，後世或無，故染鳥羽，象而用之，謂之夏采。」卷十二，〈地官·鄉大夫〉，頁 182 說：「使民皆聚於閭胥所治處。」「民雖以徵令行其將之者，無節則不得通。」

〔註 18〕〔漢〕鄭玄注、〔唐〕賈公彥疏、〔清〕阮元等校勘：《周禮注疏》卷一，〈天官·內饔〉序官，頁 14 說：「饔，和也。熟食曰饔，熟食須調和，故號曰饔。」〈幂人〉序官，頁 16 說：「幂人在此者，案：其職云：『掌供巾幂』，所以覆飲食之物，故次飲食後。」「掌供巾幂」原作「掌供供巾幂」，《周禮注疏卷一校勘記》，頁 24 說：「閩、監、毛本作掌供巾幂，此衍。」〈女史〉序官，頁 18 說：「在此者，案：其職云：『掌王后之禮職，內治之貳』，亦女奴曉文者為之。其職與王之大史掌禮同，故在此也。」「內治之貳」，《周禮注疏卷一校勘記》，頁 25 說：「浦鏜云：『上脫掌。』」

形。如〈天官・甸師〉序官：

> 郊外曰甸。天子籍田在甸，故稱甸師。此官主地事而不列地官者，
> 以天子躬耕又共野薦，給薪蒸，故次亨人也。徒三百人，用以耕耨，
> 〈周語〉所謂庶人終畝也。（卷一，頁8。）〔註19〕

〈醢人〉序官：

> 豆實不盡於醢。醢人所掌，惟四豆之實，故主醢而不謂之豆人也。（卷
> 一，頁9。）〔註20〕

〈春官・女巫〉：「若王后弔則與祝前，凡邦之大烖，歌哭而請。」

> 與天官女祝前后。歌者，憂愁之歌，若〈雲漢〉之詩也。（卷六，頁
> 205。）〔註21〕

而《周官集注》〈條例〉第三條說：

> 依朱子《集注》例，凡承用《注》、《疏》，及掇取諸儒一二語，串合
> 己意者，皆不復識別。全述諸儒及時賢語，則標其姓字。正解本文
> 者居前，總論居後，不分世代爲次。（頁5）

《周官集注》〈條例〉第四條說：

> 于先鄭及《注》、《疏》皆分標之。諸儒舉其姓字，若主是說者多，
> 則曰舊說。（頁5）

方苞依朱熹《四書集注》，凡是承用《注》、《疏》，與「掇取諸儒一二語，串
合己意者」，皆不另外加以識別。故其多直接引用《注》、《疏》語，與「或曰」、
「或謂」、「或以」，與主是說者多則爲「舊說」等。

　　其「正解本文者居前，總論居後，不分世代爲次。」而其爲適應特殊情

〔註19〕〔漢〕鄭玄注、〔唐〕賈公彥疏、〔清〕阮元等校勘：《周禮注疏》卷一，〈天
　　　官・甸師〉序官，頁14，鄭玄《注》說：「郊外曰甸。師猶長也。甸師，主共
　　　野物官之長。」賈公彥《疏》說：「然此官主地事，不在地官者，以其供野之
　　　薦，又給薪蒸以供亨餁，故在此次亨人也。〔……〕徒三百人特多者，天子籍
　　　田千畝，藉借此三百人耕耨，故多也。」

〔註20〕〔漢〕鄭玄注、〔唐〕賈公彥疏、〔清〕阮元等校勘：《周禮注疏》卷一，〈天
　　　官・甸師〉序官，頁15，鄭玄《注》說：「醢，豆實也。不謂之豆，此主醢，
　　　豆不盡于醢也。女醢，女奴曉醢者。」賈公彥《疏》說：「此醢人惟掌此四豆
　　　之實而已，故不得言豆人，而言醢人也。」

〔註21〕〔漢〕鄭玄注、〔唐〕賈公彥疏、〔清〕阮元等校勘：《周禮注疏》卷二十六，
　　　〈春官・女巫〉，「若王后弔則與祝前」，頁400，鄭玄《注》說：「女巫與祝前
　　　后如王禮。」頁401，賈公彥《疏》說：「此云歌者，憂愁之歌，若〈雲漢〉
　　　之詩是也。」

況，如《周官集注》〈條例〉第五條說：

> 推極義類，旁見側出者，以圈外別之。或前注通論大體，而中有字
> 句應辨析者，辭義奇零，無可附麗，雖正解本文，亦綴于後，或以
> 圈外別之。（頁5）

《周官集注》雖然不如方苞參與纂修的《三禮義疏》，特別是《周官義疏》，有正義等條例，較為精密的編輯諸家之說。然而其已有區分不同說法的作法。「正解本文者居前，總論居後」，如〈地官‧鄉長〉：「凡歲時之戒令皆聽之，趨其耕耨，稽其女功。」

> 聽，謂受而行之也。○古者王內之政令，內宰治之。民家之女功，
> 鄉長稽之，所以上下男女各警其職，而事無不舉，教無不行也。（卷
> 四，頁129。）

「聽，謂受而行之也」應為「正解本文者居前。」「古者王內之政令，內宰治之。民家之女功，鄉長稽之，所以上下男女各警其職，而事無不舉，教無不行也」應為總論居後」。而「不分世代為次」，應如〈春官‧大宗伯〉：「以禋祀祀昊天上帝，以實柴祀日月星辰，以槱燎祀司中、司命、飌師、雨師。」（卷五，頁147）其引程子（頤，1033～1107）、朱子（熹，1130～1200）、張氏（載，1020～1077）之說。如依時代先後，應為張載、程頤、朱熹。而程頤說主要為天、帝，朱熹說主要為上帝、五帝、昊天上帝，張載說主要為禋。又如〈春官‧大宗伯〉：「以血祭祭社稷、五祀、五嶽，以貍沈祭山林川澤，以疈辜祭四方百物。」（卷五，頁148）其引李耜卿（光坡，1651～1723）、勉齋黃氏（幹，1152～1121）、王志長（？～？，明代崇禎三年〔1630〕舉人）之說，如依時代先後，應為黃幹、王志長、李光坡。而李光坡說主要為天神、地示、社稷，黃幹說主要為社稷，王志長說主要為五祀。此皆依解說性質為次序安排，而不依時代排列。

其「于先鄭及《注》、《疏》皆分標之」，如〈春官‧司常〉：「皆畫其象焉。官府各象其事，州里各象其名，家各象其號。」

> 杜子春云：「畫當為書。」鄭康成曰：「畫雲氣也。」（卷六，頁217。）
> 〔註22〕

又如〈秋官‧朝士〉：「凡民同貨財者，令以國灋行之，犯令者刑罰之。」

> 鄭司農謂司市為節以遣之，凡商賈皆以節行，不必同貨財也。康成

〔註22〕可參考同前註，卷二十七，〈春官‧司常〉，頁422。

　　謂富人蓄積，乏時出之，價不得過騰躍，平市禁貴價者，司市之職
　　也。二說並誤。(卷九，頁 295。) 〔註23〕

於鄭司農（眾）、鄭康成（玄）、杜子春說皆分別標之。而鄭玄《注》引鄭司
農、杜子春說，也多有直接引用而不別標出者，如〈地官・山虞〉：「仲冬斬
陽木，仲夏斬陰木。」

　　陽木，春夏生者；陰木，秋冬生者。或曰：「生山南爲陽木，生山北
　　爲陰木。冬斬陽，夏斬陰，則堅濡調。」(卷四，頁 133。)

前爲鄭玄《注》引鄭司農說，「或曰」爲鄭玄說。〔註24〕又如〈春官・甸祝〉：
「甸祝掌四時之田表貉之祝號。舍奠于祖廟，禰亦如之。」

　　貉，或讀爲百。(卷六，頁 204。)

此爲杜子春說。〔註25〕

　　方苞《周官集注》雖然大體依其條例，然而方苞引用諸家說有時還是沒
有確定的規則，或隨意而引其文與事，或隨意而解說。而在閱讀上，不免有
紛雜的感覺。

　　而方苞也時有於述其說法後，以某說誤，卻不引其說法爲何，與爲何爲誤，
此爲其缺點。如《周官集注》〈秋官・鄉士〉：「凡國有大事，則戮其犯命者。」

　　大事即上大祭祀，大喪紀，大軍旅，大賓客也。戮有以刑殺言者，〈秋
　　官・掌戮〉是也。有以辱言者，〈司市〉「凡有罪者撻戮而罰之」是
　　也。此戮犯命者重輕皆有之。舊說誤。(卷九，頁 291～292)

又如《周官析疑》〈秋官・犬人〉：「掌犬牲，凡祭祀共犬牲，用牷物，伏瘞亦
如之。」

　　充人所芻者牛羊也。犬則槀人豢之，臨祭犬人共之。易氏說誤。(卷
　　三十四，頁 350。)

下面「凡相犬、牽犬者屬焉，掌其政治。」

　　此職賈、徒倍於羊人。《疏》謂兼田犬是也。但牽田犬非十有六人所
　　能共，相犬者亦不僅官中之賈。經曰：「凡相犬、牽犬者屬焉」，則
　　別有共其事者，明矣。王氏說未安。(卷三十四，頁 350～351。)

其說「舊說誤」、「易氏說誤」、「王氏說未安」等，前面的說法雖也有辨正的

〔註23〕可參考同前註，卷三十五，〈秋官・朝士〉，頁 533～534。
〔註24〕可參考同前註，卷十六，〈地官・山虞〉，頁 248。
〔註25〕可參考同前註，卷二十六，〈春官・甸祝〉，頁 398。

內容，但是其指為誤、未安者，卻不詳其說究竟為何。

而《周官集注》中解釋名詞與大意之語，於《周官析疑》則多省略。而《周官析疑》與《周官集注》，於其他反駁或申其己說的部分，時有相同或相似之處，但其也多有詳略異同的區別。如上引《周官集注》〈天官‧宮正〉的「正，長也。序官不以尊卑為先後，而以緩急為次第，故宮正隸前，內宰等隸後」等文字，《周官析疑》則沒有，而只有「凡命官曰正者」以下之文字。（卷一，頁6。）〔註26〕

> 又如《周官集注》〈地官‧族師〉：「族師各掌其族之戒令政事，〔……〕。」族師所掌無教者，雖書孝弟睦婣有學者，而教事非所能任也。觀此則黨正以上，掌教治者，必德行道藝，足以表眾，可知矣。《記》曰：「能為師，然後能為長。」此古之民所以易于觀感興起，而政教無壅也。官以師名而曰不足以任教事者，凡知其事而相督察皆曰師。胥師、賈師之類是也。（卷三，頁98。）

《周官析疑》則作：

> 百家之長，即以師名官，則黨正、州長以上，掌教治者，其德行道藝，足以表眾，可知矣。《記》曰：「能為師，然後能為長。」此古之民所以易於觀感興起，而政教無壅也。（卷十一，頁111。）

再如《周官集注》〈秋官‧脩閭氏〉：「邦有故，則令守其閭互，唯執節者不幾。」

> 令閭胥、里宰之屬。閭亦有互，王政之周于守禦如此。（卷十，頁307。）

《周官析疑》則只有「閭亦有互，王政之周於守禦如此。」（卷三十五，頁357。）

也有兩者於同一處，而說法不同。除了第五章，第二節所述方苞《周官辨》、《周官析疑》認為劉歆增竄《周禮》的說法，於《周官集注》多有依鄭玄《注》、賈公彥《疏》，與處於信疑之間的過渡說法外。其他還有如《周官集注》〈庖人〉序官：

> 庖之為言苞也。裹肉曰苞苴。賈主市買，知物價。（卷一，頁8。）

其說為依鄭玄《注》。〔註27〕而《周官析疑》則說：

〔註26〕《周官析疑》（上海：上海古籍出版社，1995年，《續修四庫全書》第79冊，經部‧禮類，據華東師範大學圖書館藏清康熙六十年陳鵬（原誤為彭，今逕為改正）年，雍正九年朱軾，乾隆八年周力堂等遞刻本影印），卷一，頁6。

〔註27〕可參考〔漢〕鄭玄注、〔唐〕賈公彥疏、〔清〕阮元等校勘：《周禮注疏》卷一，〈天官‧庖人〉序官，頁14。

> 古民茹毛飲血，包羲氏始火食爲毛炮，庖之義宜取於此。若包則茅
> 甌橘柚，皆有是名。《注》義似偏。（卷一，頁7）

《周官析疑》以庖之義爲取於包羲氏，而包不只是裹肉，其他如「茅甌橘柚」也可以包，因此「《注》義似偏。」而《周官集注》之說爲依《注》，《周官析疑》不依其說，而自出不同的新說。又如《周官集注》〈天官‧世婦〉：「世婦掌祭祀、賓客、喪紀之事，帥女宮而濯摡，爲齍盛。」

> 摡，拭也。爲猶差擇。祭祀黍稷，舂人舂之，饎人炊之，皆不使世
> 婦，故知爲乃差擇也。（卷二，頁63。）

其說「摡，拭也。爲猶差擇」爲依鄭玄《注》。「祭祀黍稷」以下，爲依賈公彥《疏》。〔註28〕而《周官析疑》則說：

> 爲齍盛者女饎也。世婦蓋監臨教導，俾水火之齊，必得以實籩簋。《注》
> 云：「差擇」，其一節耳。（卷七，頁70。）

《周官析疑》以「爲齍盛者女饎也。」世婦爲在現場「監臨教導，使水火之齊」，必得以實籩簋。」而鄭玄《注》說：「差擇。」檢察選擇只是其中「一節」而已。再如《周官集注》〈秋官‧職金〉：「旅于上帝，則共其金版，饗諸侯亦如之。」

> 鉼金謂之版，所施未聞。（卷九，頁300。）

此爲依鄭玄《注》。〔註29〕而《周官析疑》則說：

> 《汲冢周書‧大聚篇》：武王聞周公之言，乃召昆吾冶而銘之金版。
> 以類相推，豈國有大災旅于上帝，其責己懲艾之辭，亦鏤於金版而
> 垂後戒與？汲冢雖周末僞書，而稱用金版以鏤銘，必於古有傳。（卷
> 三十四，頁350。）

《周官集注》依鄭玄《注》，對金版的用途存疑。而《周官析疑》則據《逸周書》，對金版的用途，提出其推測，「豈國有大災旅于上帝，其責己懲艾之辭，亦鏤於金版而垂後戒與？」此爲其大概，至於其他細節部分說法的異同，則不再贅述。

第二節　對前人說法的態度

方苞說：「愚平生心力所竭，惟在別擇先儒經義。」〔註30〕方苞對前人說

〔註28〕可參考同前註，卷八，〈天官‧世婦〉，頁122。

〔註29〕可參考同前註，卷三十六，〈秋官‧職金〉，頁542。

法的處理態度，如以《注》、《疏》來說，《四庫全書總目》說其「力詆鄭玄之《注》。」〔註31〕倫明說：「大旨崇宋而抑漢，奉程、朱以厭鄭康成。」〔註32〕而以方苞《周官集注》、《周官析疑》等來說，雖以《注》、《疏》爲誤處甚多。然而其爲認爲漢儒有未能折衷於義理處。如〈天官・九嬪〉序官：

> 《疏》引鄭氏〈檀弓〉注，無稽之說也。〔……〕夏、殷、周以三遞增，絕無徵據，而由其說則流蔽無窮，好博而不能折衷於義理，程、朱所深病於漢儒，皆此類也。（《周官析疑》卷一，頁9〜10。）

〈春官・司服〉：「凡喪，爲天王斬衰，爲王后齊衰。」

> 程、朱治經，多盡屏漢儒之說者，以折衷義理決不可通故也。（《周官析疑》卷二十，頁206。）

程、朱所深病、多盡屏漢儒之說，因其好博而不能折衷於義理與其於義理不可通。〈地官・鄉大夫〉序官：

> 凡治經者，不能折衷義理，推究事實，但據經中一事一言，以強證己說，皆不可信，況漢儒之訓詁乎！（《周官析疑》卷八，頁78。）

而其也不是只專指漢儒訓詁之誤，而《注》、《疏》以外的諸家之說也有誤者，當然也包括宋儒在內。如〈秋官・掌客〉：

> 羣儒多不用《注》義，〔……〕凡此類乃好以私意小智，妄立異說，而不求事理之實也。（《周官析疑》卷三十六，頁373。）

〈秋官・都士〉序官：

> 聖人制法，非求以事理之實，不可妄議也。（《周官析疑》卷三十二，頁324。）

方苞以義理爲衡量，合於「事理之實」爲標準。而其認爲程、朱多合於義理，故多駁《注》、《疏》，然而不只是《注》、《疏》，就算是宋儒之說，也有被認爲不合於義理、事實而爲誤者。而於其所尊崇的程、朱，也有不同意其說的，雖然相對來說爲較少。程頤，如〈天官・外饔〉：「邦饗耆老孤子，則掌其割

〔註30〕 〔清〕方苞撰，劉季高點校：《方苞集》，集外文，卷十，〈與陳占咸大受〉，頁800。

〔註31〕 〔清〕紀昀、陸錫熊、孫士毅等纂修，《四庫全書》研究所整理：《欽定四庫全書總目》〔整理本〕，卷二十三，經部二十三，禮類存目一，〈《周官析疑》三十六卷《考工記析義》四卷〉，頁293。

〔註32〕 中國社會科學院整理：《續修四庫全書總目提要》（北京：中華書局，1993年7月），經部，羣經總義類，〈《讀經》一卷〉，頁1331。

亨之事，**饗**士庶子亦如之。」

> 程子以饗耆老孤子，〈外饗〉掌其割亨，遂謂饗未嘗無食，似未安。
> 饗禮九獻，主飲。食禮九舉，主食。饗時不過共其牲體之割亨耳，
> 無食也。（《周官析疑》卷四，頁 40。）

方苞以程頤以「**饗**耆老孤子，〈外**饗**〉掌其割亨」，以饗未嘗無食，方苞以其說未安，而認為饗「不過共其牲體之割亨耳」，**饗**禮為無食。

朱熹，如〈天官・大宰〉：「正月之吉，始和布治于邦國都鄙。乃縣治象之法于象魏，使萬民觀治象，挾日而斂之。」

> 朱子註《論語》，以吉月為月朔，亦承康成之誤也。（《周官析疑》卷三，頁 20。）

方苞以朱熹「以吉月為月朔」，為承鄭玄《注》之誤。〔註33〕而雖然其也對朱熹之疏誤，持保留的態度。但也表示其以義理為準，而不過於偏主的態度。〔註34〕如〈考工記・玉人〉：「琰圭璋八寸，璧琮八寸，以覜、聘。」

> 劉捷曰：「《論語》注以聘圭為諸侯命圭。命圭者，守圭也。豈可以
> 聘、覜哉！」朱子於《三禮》之學，閒有未詳。凡後儒所摭拾以議
> 朱子者多此類，非義禮之大要也。（《考工記析疑》卷三，頁 402。）

方苞引劉捷之說，以朱熹「以聘圭為諸侯命圭」為誤。方苞以朱熹於《三禮》之學，「閒有未詳。」而「凡後儒所摭拾以議朱子者多此類」，並非為義禮之大要。而如果是《注》、《疏》不違於義理，也有同意其說者，雖然相對的來說也較少，但是與任意排詆還是有分別的。而《周官集注》也多有採《注》、《疏》之說。因此，李元度以方苞為「其義理宗程、朱，仍博稽漢、唐注疏者」，〔註35〕應為較接近實情。

而方苞對於不能確定其說者，則採取謹慎的存疑態度。而以下則大致分為反駁，申其己說、同意與存疑三項來略為舉例探討。

〔註33〕〔漢〕鄭玄注、〔唐〕賈公彥疏、〔清〕阮元等校勘：《周禮注疏》卷二，〈天官・大宰〉，頁 33 說：「正月，周之正月。吉謂朔日。」

〔註34〕可參考如〔清〕方苞撰，劉季高點校：《方苞集》，集外文補遺，卷二，〈讀書筆記・雜記〉，頁 848 說：「朱子謂：『鄉遂之兵擁衛王室，不使征行。』與《周官》不合。」又謂：『都五百二十家，出七十五人，為常調之兵。悉調者不用，用者不悉調。』皆不合。又謂：『遠郊二十而三等皆并雜稅。』不知周無雜稅也。」

〔註35〕〔清〕李元度編：《清朝先正事略》〈凡例〉，周駿富輯：《清代傳記叢刊》（臺北：明文書局，1985 年 5 月），第 192 冊，頁 10。

一、反駁，申其己說

對於前人的說法，方苞也有許多反駁，申其己說之處；或雖未有反駁文字，而直接提出自己說法。以下略為舉例討論：

（一）《注》、《疏》

如：

1、〈天官・冢宰第一〉：「惟王建國，辨方正位，體國經野，設官分職，以為民極。」《周官集注》說：

> 建，立也。辨東西南北之方，以正左祖右社，面朝後市之位。體國中之廣狹，以經野外都邑、郊關、溝涂之界。設六官之屬而分以職事，皆所以安民生，定民志，而使遵王之道，所謂為之極也。○左祖右社，面朝後市，乃正位之事，非體國也。王城面九里，畿內面五百里，近郊、遠郊、甸、稍、縣、疆之地各有所任，人有所宜，事取其便，皆量國中之體勢，以定野外之經制。五等之國，以次而殺，則其野外都邑、郊關、溝涂，大小遠近，必與相稱。蓋辨方以正位，體國以經野，設官以分職，文雖對立而義則相承也。（卷一，頁6。）

《周官析疑》說：

> 左祖右社，面朝後市，乃正位之事，非體國也。王城面九里，畿內面五百里，近郊、遠郊、甸、稍、縣、疆之地各有所任，人有所宜，事取其便，皆量國中之體勢，以定野外之經制。五等之國，以次而殺，則其野外都邑、郊關、溝涂，大小遠近，必與相稱。舊說似誤。（卷一，頁5。）

方苞以「體國經野」為「體國中之廣狹，以經野外都邑、郊關、溝涂之界。」而「左祖右社，面朝後市，乃正位之事，非體國也。」而以「舊說似誤。」鄭玄《注》說：「體猶分也。經謂為之里數。鄭司農云：營國方九里，國中九經九緯，左祖右社，面朝後市，野則九夫為井，四井為邑之屬是也。」〔註36〕方苞以「左祖右社，面朝後市」應為「辨方正位」之事，並非是「體國經野」。「體國經野」為體量國中地勢的廣狹，以制定野外的分界。李紱〈與方靈皋周官析義書〉指出方苞，「有舊說互見而當別擇者，有舊說可用而不必更張者，

〔註36〕〔漢〕鄭玄注、〔唐〕賈公彥疏、〔清〕阮元等校勘：《周禮注疏》卷一，〈天官・冢宰第一〉，頁11。

亦有舊說未安而不可不更定者。」〔註 37〕此體國經野爲李紱所舉「有舊說互
見而當別擇者」：

> 如體國經野，大註謂：量國中之體，是以定野外之經制。以國統野，
> 言近於山陰黃氏之說。然草廬吳氏謂：體國者，分營其國之宮城門
> 涂，猶人身之有四體；經野者，畫治其野之邱甸溝洫，如織之有經
> 緯。蓋專言國則兼統野；與野對舉，則國自爲國，野自爲野，各有
> 其事。如以爲體國與經野，似遺漏體國之事矣。此舊說互見而當別
> 擇者也。〔註 38〕

李紱以方苞「體國經野」爲：「量國中之體，是以定野外之經制。」爲「以國
統野」，「言近於山陰黃氏（黃度）之說。」李紱引草廬吳氏（吳澄）說，吳
澄以體國爲「分營其國之宮城門涂」，就好像人身有四體；經野爲「畫治其野
之邱甸溝洫」，就好像織布有經緯。因爲如果「專言國則兼統野」；而「與野
對舉」的話，「則國自爲國，野自爲野，各有其事。」方苞以體國經野爲「體
國中之廣狹，以經野外都邑、郊關、溝涂之界。」則似乎遺漏體國之事。

　　2、〈天官‧酒人〉序官：「酒人，奄十人，女酒三十人，奚三百人。」

> 女酒與奚爲什長，若胥、徒，皆庶人之妻，願給事而受廩饎者。《注》
> 引漢法以爲女奴，非也。爲齋盛、齊酒、籩豆之實，以事天地宗廟，
> 不宜用罪人。〈秋官‧司屬〉惟盜賊之女子謂之奴，入于舂、槀，則
> 女奴不共他職，而他職之女、奚不得爲奴，明矣。女酒及奚，凡三
> 百三十人。舂、槀事校繁重，而女舂扰止二人，奚五人；女槀十有
> 六人，奚四十人。蓋給役者司屬所入女奴，而女舂、女槀及其奚，
> 特監視教導之。二職不列女奴及其數者，以〈司屬〉職有明文，且
> 以罪入，數不可定也。（《周官集注》卷一，頁 9。）〔註 39〕

〔註 37〕詳參〔清〕李紱撰《穆堂初稿》（上海：上海古籍出版社，2002 年，《續修四
　　　　庫全書》第 1422 冊，集部‧別集類，據上海圖書館藏清道光十一年奉國堂刻
　　　　本影印），卷四十三，頁 77～78。
〔註 38〕同前註，頁 77。
〔註 39〕〔清〕方苞撰：《周官析疑》卷一，〈天官‧酒人〉序官，頁 7 說：「《注》引
　　　　漢法以女及奚爲女奴，非也。爲齋盛、齊酒、籩豆之實。以事天地宗廟，不
　　　　宜用罪人。〈秋官‧司屬〉惟盜賊之女子謂之奴，入于舂、槀，則女奴不共他
　　　　職，而他職之女奚不得爲奴，明矣。女酒及奚，凡三百三十人。舂、槀事校
　　　　繁重，而女舂扰止二人，奚五人；女槀十有六人，奚四十人。蓋給役者司屬
　　　　所入女奴，而女舂、女槀及其奚，特監視教導之。二職不列女奴及其數者，

方苞以女酒與奚皆爲庶人之妻，「願給事而受廩餼者。」鄭玄《注》說：

> 女酒，女奴曉酒者。古者從坐男女，沒入縣官爲奴，其少才知者以
> 爲奚。今之侍史、官婢，或曰：奚，宦女。〔註40〕

鄭玄《注》認爲是女奴。〔註41〕而方苞認爲女與奚「爲齍盛、齊酒、籩豆之實，以事天地宗廟」，不應該用罪人。而〈秋官‧司厲〉：「其奴，男子入于罪隸，女子入于舂、槀。」〔註42〕則女奴不供用於其他官職，而其他官職的女、奚不得爲女奴。〔註43〕女酒與奚，共三百三十人。而舂、槀事較繁重，而〈地官‧舂人〉女舂抌只有二人，奚五人；〈槀人〉女槀則有十六人，奚四十人。〔註44〕因爲供給勞役的是犯罪而被司厲沒入的女奴，而女舂、女槀與其奚，只是監臨教導女奴。〈舂人〉、〈槀人〉不列女奴與其人數，以〈司厲〉職有記載，而且女奴以罪沒入，人數不可確定。〔註45〕方苞僅據〈秋官‧司厲〉文，就以其他官職的女、奚不是女奴，證據稍嫌薄弱。而其以〈地官‧舂人〉、〈槀人〉事繁重而女、奚人數卻少，認爲女、奚爲監臨教導女奴，而不列女奴人數，以女奴爲犯罪沒入，人數不確定，然而此可說純爲推想。

以〈天官‧酒人〉來說，「女酒三十人，奚三百人」，奚有三百人，表示製酒事應也很繁重。〔註46〕果如方苞所言，如果只是監臨教導女奴，爲何〈酒

以〈司厲〉職有明文，且以罪入，數不可定也。」

〔註40〕〔漢〕鄭玄注、〔唐〕賈公彥疏、〔清〕阮元等校勘：《周禮注疏》卷一，〈天官‧酒人〉序官，頁15。原作「官女」。阮元撰、盧宣旬摘錄：《周禮注疏卷一校勘記》，頁23說：「余本、嘉靖本、閩、監、毛本皆作宦女爲是。《玉海》、《漢制考》作官女，引《疏》亦同，皆誤耳。《疏》以《左傳》宦女釋《注》文，宦女不得改爲官也。奄爲宦人，故女奴曰：奚，宦女。」據此改。

〔註41〕〔漢〕鄭玄注、〔唐〕賈公彥疏、〔清〕阮元等校勘：《周禮注疏》卷十七，〈春官‧守祧〉序官，頁261，鄭玄《注》說：「奚，女奴也。」

〔註42〕同前註，卷三十六，〈秋官‧司厲〉，頁543。

〔註43〕除了其提到的〈天官‧酒人〉、〈地官‧舂人〉、〈槀人〉外，有女、奚的還有〈天官‧籩人〉、〈醢人〉、〈醯人〉、〈鹽人〉、〈冪人〉、〈女祝〉、〈女史〉、〈內司服〉、〈縫人〉、〈春官‧守祧〉、〈世婦〉等。

〔註44〕〔漢〕鄭玄注、〔唐〕賈公彥疏、〔清〕阮元等校勘：《周禮注疏》卷九，〈舂人〉序官，頁146：「舂人，奄二人，女舂抌二人，奚五人。」〈槀人〉序官，頁146：「槀人，奄八人，女槀每奄二人，奚五人。」

〔註45〕《周官析疑》〈槀人〉序官，卷九，頁84也說：「舂人、槀人，其事較饎人繁重，而饎人，奚四十人。舂人、槀人，奚止五人者，以舂、槀給役者，有司厲所入女奴，而女舂、女槀及奚特監視而指揮統治之耳。不列女奴及其數者，以〈司厲〉職有明文，且以罪入，數不可定也。」

〔註46〕〔漢〕鄭玄注、〔唐〕賈公彥疏、〔清〕阮元等校勘：《周禮注疏》卷一，〈天官‧

人〉的奚，如此之多。而〈秋官・禁暴氏〉說：「凡奚、隸聚而出入者，則司牧之，戮其犯禁者。」以奚、隸連稱，鄭玄《注》說：「奚、隸，女奴、男奴也。」〔註47〕而劉善澤說：「方氏苞《周官析疑》以注引漢法於女及奚皆曰女奴爲非，亦屬不審。」〔註48〕

3、〈天官・大宰〉：「以九賦斂財賄：一曰邦中之賦，二曰四郊之賦，三曰邦甸之賦，四曰家削之賦，五曰邦縣之賦，六曰邦都之賦，七曰關市之賦，八曰山澤之賦，九曰幣餘之賦。」

> 按：〈閭師〉：掌國中四郊之賦，任農以耕事，貢九穀；任圃以樹事，貢草木；任工以飭材事，貢器物；任商以市事，貢貨賄；任牧以畜事，貢鳥獸；任嬪以女事，貢布帛；任衡以山事，貢其物；任虞以澤事，貢其物。則農即以穀爲貢，餘七者，即以所貢之物爲賦，明矣。此職邦、郊、甸、稍、縣、都之田賦，則農所貢公田之九穀也，其餘賦則圃、牧、嬪婦之貢也。關市之賦即商賈、百工之貢也。山澤之賦即虞衡之貢也。園圃、藪牧即邦郊、甸、稍、縣、都之地。農、工、商賈、嬪婦、臣妾、閒民即邦、郊、甸、稍、縣、都、關市、山澤之民。以九職制九賦，以九賦待九式，貢物之外，別無所謂賦，其義甚明。康成乃謂口率出泉，節卿鄭氏又謂即百畝私田制賦，皆未詳考經文故也。(《周官集注》卷一，頁15～16。)〔註49〕

《周官辨・周官辨惑一》說：

> 夫口率出泉，漢法也，《周官》無是也。〈閭師〉：掌國中四郊之賦，

酒人〉序官，頁15，賈公彥《疏》說：「奚三百人，以其造酒，故須人多也。」

〔註47〕同前註，卷三十六，〈秋官・禁暴氏〉，頁547。

〔註48〕劉善澤撰：《三禮注漢制疏證》(長沙：岳麓書社，1997年1月)，卷一，頁4。其仍主女奴說，說詳參頁3～4。

〔註49〕〔清〕方苞撰：《周官析疑》卷二，〈天官・大宰〉，頁17說：「按：〈閭師〉掌國中四郊之賦，任農以耕事，貢九穀；任圃以樹事，貢草木；任工以飭材事，貢器物；任商以市事，貢貨賄；任牧以畜事，貢鳥獸；任嬪以女事，貢布帛；任衡以山事，貢其物；任虞以澤事，貢其物。則農即以穀爲貢，餘七者，即以所貢之物爲賦，明矣。此職邦、郊、甸、稍、縣、都之田賦，則農所貢公田之九穀，與圃、牧、嬪婦之貢也。關市之賦即商賈、百工之貢也。山澤之賦即虞衡之貢也。園圃、藪牧即邦郊、甸、稍、縣、都之地。農、工、商賈、嬪婦、臣妾、閒民即邦、郊、甸、稍、縣、都、關市、山澤之人。以九職制九賦，以九賦待九式，貢物之外，別無所謂賦，其義甚明。康成乃謂口率出泉，鄭氏伯謙又謂即百畝私田制賦，皆未詳考經文故也。」

而曰：任農以耕事，貢九穀；任圃以樹事，貢草木；任工以飭材事，貢器物；任商以市事，貢貨賄；任牧以畜事，貢鳥獸；任嬪以女事，貢布帛；任衡以山事，貢其物；任虞以澤事，貢其物。則農即以穀為貢，餘七者，即以所貢之物為賦，而貢之外，別無所謂賦，明矣。（頁422～423。）

鄭玄《注》說：

財，泉穀也。鄭司農云：邦中之賦二十而稅一，各有差也。弊餘，百工之餘。玄謂：賦，口率出泉也。今之筭泉，民或謂之賦，此其舊名與？〈鄉大夫〉：「以歲時登其夫家之眾寡，辨其可任者。國中自七尺以及六十，野自六尺以及六十有五，皆征之。」〈遂師〉之職亦云：以徵其財征，皆謂此賦也。邦中，在城郭者；四郊，去國百里；邦甸，二百里；家削，三百里；邦縣，四百里；邦都，五百里，此平民也。關市、山澤謂占會百物。弊餘謂占賣國中之斥弊，皆末作當增賦者，若今賈人倍筭矣。自邦中以至弊餘，各入其所有穀物，以當賦泉之數，每處為一書所待異也。〔註50〕

鄭玄以「賦」為「口率出泉」，應即按人口徵稅。而方苞認為「夫口率出泉，漢法也，《周官》無是也。」方苞依據〈地官·閭師〉：

閭師掌國中及四郊之人民、六畜之數，以任其力，以待其政令，以時徵其賦。凡任民：任農以耕事，貢九穀；任圃以樹事，貢草木；任工以飭材事，貢器物；任商以市事，貢貨賄；任牧以畜事，貢鳥獸；任嬪以女事，貢布帛；任衡以山事，貢其物；任虞以澤事，貢其物。〔註51〕

〈閭師〉掌管「國中及四郊之人民、六畜之數，以任其力，以待其政令，以時徵其賦。」其內容為「任農以耕事，貢九穀；任圃以樹事，貢草木；任工以飭材事，貢器物；任商以市事，貢貨賄；任牧以畜事，貢鳥獸；任嬪以女事，貢布帛；任衡以山事，貢其物；任虞以澤事，貢其物。」則農即以穀物為貢物，其餘七者，即各以其生產物為貢物。而以〈大宰〉：「以九職任萬民：

〔註50〕〔漢〕鄭玄注、〔唐〕賈公彥疏、〔清〕阮元等校勘：《周禮注疏》卷二，〈天官·大宰〉，頁31。

〔註51〕〔漢〕鄭玄注、〔唐〕賈公彥疏、〔清〕阮元等校勘：《周禮注疏》卷十三，頁202～203。

一曰三農，生九穀。二曰園圃，毓草木。三曰虞衡，作山澤之材。四曰藪牧，養蕃鳥獸。五曰百工，飭化八材。六曰商賈，阜通貨賄。七曰嬪婦，化治絲枲。八曰臣妾，聚斂疏材。九曰閒民，無常職，轉移執事。」與〈大宰〉：「以九賦斂財賄：一曰邦中之賦，二曰四郊之賦，三曰邦甸之賦，四曰家削之賦，五曰邦縣之賦，六曰邦都之賦，七曰關市之賦，八曰山澤之賦，九曰幣餘之賦」相對照。則九賦邦、郊、甸、稍、縣、都之地的田賦，即為九職三農所貢九穀，與園圃、藪牧、嬪婦之貢。關市之賦即為商賈、百工之貢。山澤之賦即為虞衡之貢。園圃、藪牧即為邦郊、甸、稍、縣、都之土地。而農、工、商賈、嬪婦、臣妾、閒民即為邦、郊、甸、稍、縣、都、關市、山澤的人民。「以九職制九賦，以九賦待九式，貢物之外，別無所謂賦」，其以九賦即為九貢所貢之物，並無另外的「賦」。而方苞以「賦」為土地的稅貢。李紱稱許說：「以貢賦不並行，駁康成口率出泉之誤。豈惟洗《周禮》煩刑厚斂之譏，推而行之，實有益於天下萬世，信乎其為經國之大業，不朽之盛事也。」〔註52〕而如先不管價值判斷的問題。以「賦」為土地田稅，此說也大多得到後人的認可。〔註53〕而方苞聯結九職、九賦、九貢的關係，也值得參考。不過，其混合九賦、九職為一，如果其真本為一，那為何要分九賦、九職，此也有待商榷。〔註54〕

4、〈地官‧司市〉：「凡得貨賄、六畜者亦如之，三日而舉之。」

　　舉之，謂登諸冊籍，使踰時而求者可驗也。《春秋傳》：「仲尼使舉是禮也，以為多文辭。」《管子》：時簡稽馬牛之肥瘠，其老而死者皆舉之。（《周官集注》卷四，頁117。）〔註55〕

〔註52〕 〔清〕李紱撰《穆堂初稿》（上海：上海古籍出版社，2002年，《續修四庫全書》第1422冊，集部‧別集類，據上海圖書館藏清道光十一年奉國堂刻本影印），卷四十三，頁77。

〔註53〕 可詳參錢玄、錢興奇《三禮辭典》（南京：江蘇古籍出版社，1998年3月第1版第2次印刷），〔九賦〕，頁21～22。〔清〕孫詒讓撰、王文錦、陳玉霞點校：《周禮正義》（北京：中華書局，1987年12月，2000年3月北京第2次印刷），卷三，〈天官‧大宰〉，頁90～98。

〔註54〕 可參考〔清〕紀昀、陸錫熊、孫士毅等纂修，《四庫全書》研究所整理：《欽定四庫全書總目》〔整理本〕，卷二十三，經部二十三，禮類存目一，〈《周官析疑》三十六卷《考工記析義》四卷〉，頁293。不過，《欽定四庫全書總目》為鄭玄辨護，可詳參頁293～294。

〔註55〕 〔清〕方苞撰：《周官析疑》卷十三，頁135說：「康成謂：舉而沒諸官，非也。蓋登於冊籍，使踰時而求者可驗也。《春秋傳》：「仲尼使舉是禮也，以為

鄭玄《注》說：

> 得遺物者，亦使置其地貨於貨之肆，馬於馬之肆，則主求之易也。
>
> 三日而無職認者，舉之，沒入官。〔註56〕

鄭玄《注》以「舉」為「沒入」。得別人遺失貨物、六畜，三日而無認領的，沒收入官府。《周官辨·周官辨惑一》說：

> 沒貨于官，漢之末造也，《周官》無是也。《春秋傳》曰：「仲尼使舉是禮也，以為多文辭。」《管子》以時簡稽馬、牛之肥瘠，其老而死者皆舉之。凡曰舉者，登諸籍也。以沒入為義，古無是訓也。〈質人〉所稽者書契，所考者度量、淳制，而曰：「犯禁者舉而罰之。」則舉為登諸籍而不可謂沒其貨也，決矣。康成于門關司市之舉，皆曰：沒其貨。而〈質人〉則缺焉，是其不可通也。康成已自覺之矣，而猶欲以此蔽來者乎？（頁423。）

方苞反對鄭玄《注》以「舉之」為「沒入」。而以「舉之」為登記於冊籍，其以《左傳》襄公二十七年：

> 五月甲辰，晉趙武至於宋。丙午，鄭良霄至。六月丁未朔，宋人享趙文子，叔向為介。司馬置折俎，禮也。仲尼使舉是禮也，以為多文辭。〔註57〕

還有《管子·問》：

> 時簡稽帥馬、牛之肥脀，其老而死者皆舉之。〔註58〕

方苞不以「舉」為沒收貨物，而認為是登記。〔註59〕顧頡剛說：

> 多文辭。」《管子》：時簡稽馬牛之肥瘠，其老而死者皆舉之。」

〔註56〕 〔漢〕鄭玄注、〔唐〕賈公彥疏、〔清〕阮元等校勘：《周禮注疏》卷十四，頁220。

〔註57〕 〔周〕左丘明傳、〔晉〕杜預注、〔唐〕孔穎達疏、〔清〕阮元等校勘：《春秋左傳注疏》（臺北：藝文印書館，1997年8月初版第13刷，影印清嘉慶二十一年江西南昌府學刊《十三經注疏》本），卷三十八，頁644～645。

〔註58〕 題〔周〕管仲撰，陳慶照、李障天注釋：《管子房注釋解》（濟南：齊魯書社，2001年5月），頁179。

〔註59〕 「舉」為「登記」，其他還有〈地官·質人〉：「質人掌成市之貨賄、人民、牛馬、兵器、珍異。凡賣儥者質劑焉，大市以質，小市以劑。掌稽市之書契，同其度量，壹其淳制，巡而考之，犯禁者舉而罰之。」〈地官·司門〉：「凡財物犯禁者舉之，以其財養死政之老與其孤。」〈地官·司關〉：「凡貨不出於關者，舉其貨，罰其人。」可詳參《周官集注》卷四，〈地官·質人〉，頁118說：「犯禁者，不獨罰之，且書其所犯於冊籍，使懼而不敢再也。」也可參考

> 方氏根據了《管子》的「以時簡稽師馬、牛之肥瘠，其老而死者皆
> 舉之」，以爲「舉」乃是登記的意思。這是很好的一個解釋。〔註60〕

方苞以「舉」爲「登記」之義，顧頡剛認爲「這是很好的一個解釋。」方苞
此說，可備爲一說。

　　5、〈地官・旅師〉：「旅師掌聚野之耡粟、屋粟、閒粟而用之。」

> 耡粟、屋粟、閒粟皆非公田所入，故特設旅師以掌之，各貯其鄉里，
> 以賑貸平民，給新甿。《注》、《疏》謂主斂縣師所徵賦穀，誤矣。（《周
> 官集注》卷四，頁129。《周官析疑》卷十五，頁155。「以賑貸平民，
> 給新甿」，《周官析疑》作「以賑貸新甿。」）

鄭玄《注》說：「是粟，縣師徵之，旅師斂之。」賈公彥《疏》說：「云：『是
粟縣師徵之』者，案：上〈縣師〉職云：歲時徵野之賦貢，故知也。云：「旅
師斂之」者，即上文聚三等粟是也。」〔註61〕而方苞認爲耡粟、屋粟、閒粟
皆不是公田所收入，故特別設旅師以掌管，而各貯藏於其鄉里，「以賑貸平民，
給新甿。」而鄭玄《注》、賈公彥《疏》以〈旅師〉爲「主斂縣師所徵賦穀」，
其爲誤。《周官析疑》〈地官・里宰〉：「以歲時合耦于耡，以治稼穡，趨其耕
耨，行其秩敘，以待有司之政令，而徵斂其財賦。」

> 遂之財賦，遂師徵之。《疏》謂縣師徵之，旅師斂之。有司謂縣師、
> 旅師，恐誤。（卷十五，頁154。）

方苞認爲遂之財賦，由遂師徵收。賈公彥《疏》說：

> 云：「以待有司之政令，而徵斂其財賦」者，以六遂之賦稅，縣師
> 徵之，旅師斂之，則此財賦。言待有司徵斂者，謂縣師、旅師也。
> 〔註62〕

賈公彥《疏》認爲「縣師徵之，旅師斂之。有司謂縣師、旅師」，方苞認爲其
「恐誤。」而孫詒讓《周禮正義》同意方苞此說，其引方苞云：「遂之財賦，

　　《周官析疑》卷十三，〈地官・質人〉，頁136～137。《周官集注》卷四，〈地
　　官・司關〉，頁122說：「〔……〕凡罰多以財言也。若舉爲悉沒其貨，則財之
　　虧逾量矣。而復罰以財，必無是濃也。」也可參考《周官析疑》卷十四，〈地
　　官・司關〉，頁142。
〔註60〕顧頡剛〈方苞考辨《周官》的評價──《周官辨序》〉，《文史》第37輯（北
　　　　京：中華書局，1993年2月），頁3。
〔註61〕〔漢〕鄭玄注、〔唐〕賈公彥疏、〔清〕阮元等校勘：《周禮注疏》卷十六，〈地
　　　　官・旅師〉，頁243。
〔註62〕同前註，卷十六，〈地官・里宰〉，頁238。

遂師徵之,《疏》誤。」孫氏案語說:「方說是也。」〔註63〕

6、〈春官・大宗伯〉:「以禽作六摯,以等諸臣:孤執皮帛,卿執羔,大夫執雁,士執雉,庶人執鶩,工商執雞」

> 雁非家禽,不時得,又不可畜。蓋舒雁也,取其安舒而潔白。〈膳夫〉受摯以爲膳,則皆恒用之物,可知矣。(《周官集注》卷五,頁152。《周官析疑》卷十七,頁182。《周官析疑》作「鴈」。)

鄭玄《注》:「鴈取其候時而行。」〔註64〕方苞則以雁不是家禽,不可時常得到,又不可畜養。故認爲應爲舒雁,即鵝,〔註65〕「取其安舒而潔白。」而「膳夫受摯以爲膳」,〔註66〕摯用爲膳食,則可知皆日常恒用之物,故應爲鵝。孫詒讓(1848~1908)《周禮正義》同意此說,引王引之(1766~1834)說:「鄭蓋以鴻鴈釋之,鴻鴈春去秋來,故曰候時也。其實大夫所執之鴈,直謂鵝耳。古者謂鵝爲鴈,故〈膳夫〉六牲有鴈。〔……〕若非常畜之鵝,不得謂之牲也。〔……〕且鴻鴈孟春北去,仲秋始來,中間數月無鴈之時,大夫將何以爲贄乎?然則謂大夫執鴻鴈,非事實也。〔……〕以是言之,殆非鴻鴈。」孫氏案語說:「王說是也。江永、方苞、孫志祖、黃以周說並同。」〔註67〕方苞此說合於常理事實,應勝於鄭玄《注》說。

7、〈春官・大司樂〉:「以樂語教國子:興、道、諷、誦、言、語。」

> 《疏》引作《詩》之義以詁六語,非也。曰:「以樂德教國子」者,非謂樂有此六德,謂以樂教人,所以養其六德也。「以樂語教國子」者,非謂樂之語有此六類,謂以樂教人,欲其達此六語也。(《周官集注》卷五,頁177。《周官析疑》卷二十一,頁215。《周官析疑》無「《疏》引作詩之義以詁六語,非也。」)

賈公彥《疏》說:

〔註63〕〔清〕孫詒讓撰、王文錦、陳玉霞點校:《周禮正義》卷三十,〈地官・里宰〉,頁1160。也可參考卷三十,〈地官・旅師〉,頁1164。

〔註64〕〔漢〕鄭玄注、〔唐〕賈公彥疏、〔清〕阮元等校勘:《周禮注疏》卷十八,〈春官・大宗伯〉,頁281。

〔註65〕〔晉〕郭璞注、〔唐〕邢昺疏、〔清〕阮元等校勘:《爾雅注疏》(臺北:藝文印書館,1997年8月初版第13刷,影印清嘉慶二十一年江西南昌府學刊《十三經注疏》本),卷十,〈釋鳥〉,頁183說:「舒鴈,鵝。」

〔註66〕〔漢〕鄭玄注、〔唐〕賈公彥疏、〔清〕阮元等校勘:《周禮注疏》卷四,〈天官・膳夫〉,頁59說:「凡祭祀之致福者,受而膳之,以摯見者亦如之。」

〔註67〕〔清〕孫詒讓撰、王文錦、陳玉霞點校:《周禮正義》卷三十五,頁1386~1387。

此亦使有道有德教之。云：「興者，以善物喻善事」者，謂若老狼興
周公之輩，亦以惡物喻惡事，不言者，鄭舉一邊可知。云：「道讀曰
導」者，取導引之義，故讀從之。云：「導者，言古以劃今也」者，
謂若詩陳古以刺幽王、厲王之輩皆是。云：「倍文曰諷」者，謂不開
讀之。云：「以聲節之曰誦」者，此亦皆背文，但諷是宜言之，無吟
詠；誦則非直背文，又爲吟詠，以聲節之爲異。〈文王世子〉：春誦。
《注》：誦謂歌樂。歌樂即詩也。以配樂而歌，故云歌樂，亦是以聲
節之。襄二十九年，季札請觀周樂，而云：爲之歌齊，爲之歌鄭之
等，亦是不依琴瑟而云歌。此皆是徒歌曰謠，亦得謂之歌，若依琴
瑟謂之歌，即毛云曲合樂曰歌是也。云：「發端曰言」，「答述曰語」
者，《詩·公劉》云：于時言言，于時語語。毛云：直言曰言，答述
曰語。許氏《說文》云：直言曰論，答難曰語。論者，語中之別，
與言不同，故鄭注〈雜記〉云：言，言己事，爲人說爲語。〔註68〕

賈公彥《疏》「引作《詩》之義」，舉《詩經》篇章的創作意義，以解釋「樂
語」的「興、道、諷、誦、言、語。」方苞以其爲非。方苞認爲「以樂德教
國子」，不是指樂本身有「中、和、祇、庸、孝、友」六類德，〔註69〕而是指
以樂教化人，用來培養其六德。「以樂語教國子」，也不是指樂本身有「興、
道、諷、誦、言、語」六類語，而是指以樂教化人，想要其通達六語。〔註70〕

　　8、〈秋官·職金〉：「旅于上帝，則共其金版，饗諸侯亦如之。」

　　　《汲冢周書·大聚篇》：武王聞周公之言，乃召昆吾冶而銘之金版。

　　　以類相推，豈國有大災，旅于上帝，其責己懲艾之辭，亦鏤於金版

　　　而垂後戒與？汲冢雖周末僞書，而稱用金版以鏤銘，必於古有傳。

　　　（《周官析疑》卷三十四，頁350。）

鄭玄《注》：「鋪金謂之版，此版所施未聞。」〔註71〕對〈秋官·職金〉所說：

〔註68〕〔漢〕鄭玄注、〔唐〕賈公彥疏、〔清〕阮元等校勘：《周禮注疏》卷二十二，
　　　　〈春官·大司樂〉，頁337。鄭玄《注》說：「興者，以善物喻善事。道讀曰導。
　　　　導者，言古以劃今也。倍文曰諷，以聲節之曰誦，發端曰言，答述曰語。」
〔註69〕同前註，卷二十二，〈春官·大司樂〉，頁337說：「以樂德教國子：中、和、
　　　　祇、庸、孝、友。」
〔註70〕〔清〕方苞撰：《周官析疑》卷二十一，頁215說：「同此一《詩》，分而用之，
　　　　即可興，可道，可諷，可誦，可言，可語，故知樂之語，本有此六類，決不
　　　　可通。」
〔註71〕〔漢〕鄭玄注、〔唐〕賈公彥疏、〔清〕阮元等校勘：《周禮注疏》卷三十六，

「旅于上帝，則共其金版，饗諸侯亦如之」的「金版」的用途存疑。而《周官集注》說：「鉼金謂之版，所施未聞。」（卷九，頁 300。）依鄭玄《注》。而《周官析疑》根據《逸周書・大聚篇》：

> 維武王勝殷，撫國綏民，乃觀于殷政，告周公旦曰：「嗚呼！殷政總總若風草，有所積，有所虛，和此如何？」周公曰：「〔……〕。」武王再拜曰：「嗚呼！允哉！天民側側，余知其極有宜。」乃召昆吾冶而銘之金版，藏府而朔之。〔註72〕

方苞根據《逸周書・大聚篇》，認為「武王聞周公之言，乃召昆吾冶而銘之金版。」而「以類相推」，推測豈為國有大災難，「旅于上帝」，「其責己懲艾之辭」，也鏤刻於金版而以垂戒於後世？雖僅是推測，而不一定就是如此。然而也提出一可供參考的說法。

9、〈考工記・匠人〉：「里為式然後可以傅眾力。」

> 既以一日所作為式，而又以一里為式者，人力有強弱，功作有久暫，以一里為式，則所用非一人，所積非一日，可以度眾力所能任，附合以就功役也。（《周官集注》卷十二，頁 375。《考工記析疑》卷四，頁 410。《考工記析疑》「久暫」作「難易」。「可以度眾力所能任」無「以」字。）

鄭玄《注》說：「里讀為『已』，聲之誤也。」〔註73〕賈公彥《疏》說：「必破里為已者，里則於義無取，為已則於義合，故從已也。」鄭玄《注》不解里為式之義，故以為里應讀為已，為聲之誤。賈公彥《疏》附合鄭玄《注》義，以「里則於義無取，為已則於義合，故從已也。」而方苞不從鄭玄《注》改讀為「已」之說，以「里為式」為「以一里為式」。而其「既以一日所作為式，〔註74〕而又以一里為式者」，因為「人力有強弱，功作有久暫」，以一里的工作為標準法式，則所用人力不是一人，所累積時數不是一日，則可以衡度眾人勞力所能勝任的

〈秋官・職金〉，頁 542。鄭玄《注》為依《爾雅・釋器》：「鉼金謂之鈑。」〔晉〕郭璞注、〔唐〕邢昺疏、〔清〕阮元等校勘：《爾雅注疏》卷五，〈釋器〉，頁 79。

〔註72〕撰者不詳，黃懷信、張懋鎔、田旭東彙校集注：《逸周書彙校集注》（上海：上海古籍出版社，1995 年 12 月），頁 413～434。

〔註73〕〔漢〕鄭玄注、〔唐〕賈公彥疏、〔清〕阮元等校勘：《周禮注疏》卷四十二，〈考工記・匠人〉，頁 651。

〔註74〕同前註，卷四十二，〈考工記・匠人〉，頁 654 說：「凡溝防，必一日先深之以為式，里為式然後可以傅眾力。」

工作量，「附合以就功役也。」方苞此說合理而可通，鄭玄《注》改讀爲「已爲式」，卻未達其義。孫詒讓《周禮正義》同意此說，引江永（1681～1762）說：「舊讀里爲已，非也。以一日之功，築鑿幾何，又以一里之地計，幾何日，幾何人力，則可依附此而計用幾何眾力也。」孫氏案語說：「江說是也。戴震、沈夢蘭說同。」孫詒讓雖然沒有提到方苞，而方苞說與其相同。

（二）諸家之說

如：

1、歐陽修以《周禮》設官太多爲疑，歐陽修說：

> 而六官之屬略見於經者五萬餘人，而里閭縣鄙之長，軍師卒伍之徒不與焉。王畿千里之地，爲田幾井，容民幾家？王官、王族之國邑幾數？民之貢賦幾何？而又容五萬人者於其間，其人耕而賦？如其不耕而賦，則何以給之。夫爲治者，若是之煩乎？此其一可疑者也。〔註75〕

方苞加以反駁，認爲：

> 盧陵歐陽氏謂周公設官太多，王畿千里，計十四萬有奇。攻《周官》者，據此以自固。不知五官之屬，其數無多。彼所計者，特鄉、遂小吏，閭胥、鄰長之數耳。〔……〕歐陽氏所病于設官之多，特爲無祿以給之耳。嗚呼！是未察於古之田祿，與後世異。而鄉遂羣士之爵與祿，又與王朝之士異也。蓋古有不命之士，有無田之士。〔……〕蓋閭胥、比長雖曰中士、下士，其實耦耕之民也，師、田、行役常與其曹偕作並息而他無事焉，以其材力稍優，故進其等以率其曹，即秦、漢以還所賜之民爵是也。天官九兩所謂以治得民者，蓋本非官也。以治民事，得統率其儕伍，故名曰吏。至於族師，則所轄稍眾而其事亦較繁。〔……〕至於六遂，則其事較簡而其爵亦較卑。即通王畿之內，百夫之長皆受倍田，不過三萬餘家，所占之地不過一同之半，而何憂其不給哉！（《周官辨》，〈周官辨惑六〉，頁431～433。）

歐陽修以《周禮》設官太多，祿食不能供給。方苞認爲《周禮》官屬，其數量不多。歐陽修所計，「特鄉、遂小吏，閭胥、鄰長之數耳。」而閭胥、比長

〔註75〕　〔宋〕歐陽修撰，李逸安點校：《歐陽修全集》卷四十八，《居士集》卷四十八，〈問進士策三首〉，頁673～674。

等，即爲耦耕之農夫，而「即通王畿之內，百夫之長皆受倍田，不過三萬餘家，所占之地不過一同之半」，而何爲憂官員的祿食不能供給。而方苞《周官集注》〈地官・司徒二〉：「鄉老，二鄉則公一人。鄉大夫，每鄉卿一人。州長，每州中大夫一人。黨正，每黨下大夫一人。族師，每族上士一人。閭胥，每閭中士一人。比長，五家下士一人。」引何氏曰：

> 六鄉不過七萬五千家，而官則萬九千餘，何以祿之。蓋比長即上農夫，閭師則受二家之田，族師則受四家之田皆自耕以給衣食。黨正、州長以上，然後官賦之祿也。（卷三，頁 73。）

「六鄉不過七萬五千家，而官則萬九千餘」，何以供給祿食。因爲比長即爲上農夫，「閭師則受二家之田，族師則受四家之田」，皆自耕作生產以給其衣食。而「黨正、州長以上」，然後爲官府供給祿食。而顧頡剛對方苞此說表示肯定：

> 這就是說國家的基層工作幹部，不脫產的多，脫產的少，所以地寡不妨礙官多。他有這樣精湛的見解而竟埋沒了二百年，其可說是漢學家們太沒有理解力了！〔註76〕

而方苞此說，先不論是非，其說應可備爲一說。

2、〈春官・冢人〉：「凡祭墓爲尸。」

> 或始竁，或復土後，祭墓域之土示，皆冢人爲尸也。先儒以是徵古有墓祭，誤矣。凡祭祖考，無以異姓爲尸者，以其氣不相屬也。以冢人爲尸，則外祀可知矣。（《周官集注》卷五，頁 176。）〔註77〕

祭墓爲祭墓地之土示，而以冢人爲尸。方苞以先儒以此認爲古有墓祭爲誤。凡是祭祖考，並無以異姓爲尸者，因爲「其氣不相屬也。」而以冢人爲尸，則可知是外祭祀，其爲祭墓地之土示。

3、〈夏官・隸僕〉：「隸僕掌五寢之埽除糞洒之事。」

> 黃氏謂：五當爲王。王東巖謂：〈守祧〉掌寢廟脩除，此當爲王之小寢，皆非也。〈宮人〉掌王六寢之脩。〈守祧〉職曰：「其廟，則有司脩除之。」正謂隸僕耳。（《周官集注》卷八，頁 253。）〔註78〕

〔註76〕顧頡剛〈方苞考辨《周官》的評價──《周官辨序》〉，《文史》第 37 輯，頁 4。

〔註77〕〔清〕方苞撰：《周官析疑》卷二十，〈春官・冢人〉，頁 212 說：「以是知古無墓祭也。凡祭祖考，無以異姓爲尸者，以其氣不相屬也。以冢人爲尸，則祭墓地之示可知矣。」

〔註78〕〔清〕方苞撰：《周官析疑》卷二十九，〈夏官・隸僕〉，頁 299 說：「黃氏度謂：五當爲王。王氏與之謂：〈守祧〉掌寢廟脩除，此當爲王之小寢，皆非也。〈宮

方苞以黃度以「五寢」的「五」當爲「王」。王與之以「〈守祧〉掌寢廟脩除，此當爲王之小寢。」方苞認爲其皆非。方苞以〈天官・宮人〉：「宮人掌王之六寢之脩。」此爲王的六寢，宮人掌管脩除。而〈春官・守祧〉：「其廟，則有司脩除之。」〔註79〕而方苞認爲此脩除宗廟廟寢的有司，正爲隸僕。

二、同　意

（一）《注》、《疏》

方苞於前人說同意者，《注》、《疏》如：

1、《周官析疑》〈天官・酒人〉：「掌爲五齊、三酒，祭祀則共奉之，以役世婦。」

> 鄭氏鍔破鄭《注》，謂所役宜爲〈天官・世婦〉，非也。〈天官・世婦〉：祭祀，泝陳女宮之具。凡内羞之物，謂朝事饋食加羞籩豆之薦耳。然亦與〈春官・世婦〉聯事，宮卿職掌女宮之宿戒，比其具是也。其帥女宮而濯摡爲齋盛，亦與〈春官・世婦〉聯事，宮卿職帥六宮之人共齋盛，是也。惟五齊、三酒，則〈九嬪〉、〈世婦〉職皆無其文，而此職曰：「以役世婦」，則爲〈春官・世婦〉所專掌，明矣。（卷五，頁47。）

方苞《周官析疑》反對宋儒鄭鍔破鄭玄《注》，「謂所役宜爲〈天官・世婦〉」，以其爲非。同意鄭玄《注》「以役世婦」爲指〈春官・世婦〉。〔註80〕

2、〈春官・小宗伯〉：「及執事泝大斂、小斂，率異族而佐。」《周官集注》說：

> 執事，大祝之屬。泝，臨也。親斂者當爲事官之屬。異族佐斂，同姓當序哭也。（卷五，頁157。）

《周官析疑》說：

> 大喪，五官正貳考殷，皆有事焉。〈冬官〉雖闕，而匠師與鄉師御匶而治役，則爲〈冬官〉之攷，明矣。此經及執事大斂、小斂，而斂

人〉掌王六寢之脩。〈守祧〉職曰：『其廟，則有司脩除之。』正謂隸僕耳。」

〔註79〕〔漢〕鄭玄注、〔唐〕賈公彥疏、〔清〕阮元等校勘：《周禮注疏》卷六，〈天官・宮人〉，頁91。卷二十一，〈春官・守祧〉，頁329。

〔註80〕可參考〔漢〕鄭玄注、〔唐〕賈公彥疏、〔清〕阮元等校勘：《周禮注疏》卷八，〈天官・酒人〉，頁122。

者不見於五官，故康成疑爲事官之屬是也。（卷十八，頁 188。）

《周官集注》解說依鄭玄《注》。〔註81〕而《周官析疑》同意鄭玄《注》以斂者應爲事官之屬的說法。

3、〈秋官・犬人〉：「凡相犬、牽犬者屬焉，掌其政治。」《周官析疑》說：

> 此職賈、徒倍於羊人。《疏》謂兼田犬是也。但牽田犬，非十有六人所共，相犬者亦不僅官中之賈。經曰：「凡相犬、牽犬者屬焉」，則別有共其事者，明矣。王氏說未安。（卷三十四，頁 350～351。）

方苞《周官析疑》同意賈公彥《疏》所說犬人之犬有田犬之說。〔註82〕

4、〈考工記・玉人〉：「瑑琮八寸，諸侯以享夫人。」《考工記析疑》說：

> 易氏袚謂此天子之三夫人，非也。夫人有致飲於賓客之禮，以來朝者，或其父兄伯叔也。若既享后，而又享夫人，則並后、匹嫡，亂政之尤者，成周時必無此禮。即其父兄伯叔亦各致方物可也。詎可以干享禮之名哉！鄭《注》要不可破。（卷三，頁 402。）

方苞《考工記析疑》反對宋儒易袚以〈考工記・玉人〉「瑑琮八寸，諸侯以享夫人」的「夫人」爲「天子之三夫人」之說，而同意鄭玄《注》：「獻於所朝聘君之夫人也。」〔註83〕則「夫人」應爲「諸侯之夫人」，而以「鄭《注》要不可破。」

（二）諸家之說

方苞於前人說同意者，《注》、《疏》以外諸家之說，如：

1、〈天官・冢宰第一〉：「惟王建國，辨方正位，體國經野，設官分職，以爲民極。」

> 朱子以至極之義，標準之名，辨《書傳》以極爲中之誤，證以《周官》，其義益明。蓋以爲民極，不可訓以爲民中也。必兼至極與標準，

〔註81〕可參考同前註，卷十九，〈春官・小宗伯〉，頁 294。

〔註82〕可參考同前註，卷三十六，〈秋官・犬人〉，頁 543 說：「犬有三種，一者田犬，二者吠犬，三者食犬。若田犬、吠犬，觀其善惡。若食犬觀其肥瘦，故皆須相之。牽犬者，謂呈見之，故〈少儀〉云：『犬則執紲』是也。」卷二十八，〈夏官・羊人〉序官，頁 431 說：「羊人，下士二人，史一人，賈二人，徒八人。」卷三十四，〈秋官・犬人〉序官，頁 511 說：「犬人，下士二人，府一人，史二人，賈四人，徒十六人。」

〔註83〕同前註，卷四十一，〈考工記・玉人〉，頁 634。

> 然後「以爲民極」、「建其有極」、「會其有極」，逐字皆得實義。(《周
> 官析疑》卷一，頁6。)

方苞以朱熹「以至極之義，標準之名」，辨《尚書·洪範》：「初一曰：五行，
次二曰：敬用五事，次三曰：農用八政，次四曰：協用五紀，次五曰：建用
皇極，次六曰：乂用三德，次七曰：明用稽疑，次八曰：念用庶徵，次九曰：
嚮用五福，威用六極。」題孔安國《傳》說：「皇，大。極，中也。凡立事當
用大中之道。」〔註84〕題孔安國《傳》「以極爲中之誤」，證以《周禮》「以爲
民極」，「其義益明。」因爲以爲民極，不可訓解爲以爲民中。〔註85〕必定要
以兼有至極與標準的意義來解釋，「然後『以爲民極』、『建其有極』、『會其有
極，』〔註86〕，逐字皆得實義。」

2、〈春官·大宗伯〉：「以血祭祭社稷、五祀、五嶽，以貍沈祭山林川
　　澤，以

䃃辜祭四方百物。」

> 勉齋黃氏曰：社祭土，稷祭穀。土穀之祭，達于上下，故方丘與社
> 皆祭地也。而〈宗伯〉序祭，有社無示，舉社則其禮達于上下，舉
> 示則天子獨用之。〈鼓人〉職不曰祭示，而曰社祭，亦以其禮達乎上
> 下也。〈大司樂〉靈鼓、靈鼗以祭地示，則示祭、社祭，其用同矣。
> 此說較之賈《疏》所謂以小該大者，尤爲長于理而合于經也。(《周
> 官集注》卷五，頁148。《周官析疑》卷十七，頁175。)

方苞以黃榦（字直卿，號勉齋）之說，社祭土，稷祭穀，爲土穀之祭，達於
上下，「故方丘與社皆祭地也。」以解釋此稱祭社稷，不稱祭地的原因。而且
方苞以黃榦之說，較賈公彥《疏》〔註87〕「尤爲長于理而合于經也。」

3、〈春官·肆師〉：「以歲時序其祭祀及其祈珥。」《周官集注》說：

〔註84〕題〔漢〕孔安國傳、〔唐〕孔穎達疏、〔清〕阮元等校勘：《尚書注疏》(臺北：
　　　　藝文印書館，1997年8月初版第13刷，影印清嘉慶二十一年江西南昌府學刊
　　　　《十三經注疏》本)，卷十二，頁168。
〔註85〕〔漢〕鄭玄注、〔唐〕賈公彥疏、〔清〕阮元等校勘：《周禮注疏》卷一，〈天
　　　　官·冢宰第一〉，頁11，鄭玄《注》也說：「極，中也。令天下之人，各得其
　　　　中，不失其所。」可知方苞不從鄭玄《注》。
〔註86〕可參考題〔漢〕孔安國傳、〔唐〕孔穎達疏、〔清〕阮元等校勘：《尚書注疏》
　　　　卷十二，〈周書·洪範〉，頁172～173。
〔註87〕可參考〔漢〕鄭玄注、〔唐〕賈公彥疏、〔清〕阮元等校勘：《周禮注疏》卷十
　　　　八，〈春官·大宗伯〉，頁272。

易彥祥曰：〈小子〉職：珥于社稷，祈于五祀。〈羊人〉職：祈珥共
羊牲，與此文同。至〈秋官·士師〉職則曰：凡刉珥，奉犬牲。後
鄭並改祈爲刉，且以珥當從血爲衈，引〈雜記〉釁羊之說。然〈羊
人〉、〈小子〉職：釁、積，釁邦器、軍器皆直謂之釁，不應宮兆始
成之釁，獨謂之祈珥。劉《中義》云：珥，弭字之誤也。祈謂〈小
祝〉之祈福祥，弭謂〈小祝〉之弭兵災。今從之。（卷五，頁 158。）

方苞《周官集注》同意易祓（字彥祥）之說，不從鄭玄《注》，〔註88〕以祈珥
爲刉衈，爲釁之義，而從其所引劉彝《周禮中義》以祈珥爲「祈福祥」、「弭
兵災」之義。

三、存　疑

　　而方苞對於文獻記載缺乏，證據不足，說待商榷之處，也本著「多聞闕
疑」〔註89〕的謹慎存疑態度。方苞論〈春官·大司樂〉說：

此篇分樂、合樂及律呂配合之義，前儒推闡多疑似影響之談。昔韓
氏愈，自言於經書惟求其意義之所歸，至於禮樂之名數，則未嘗一
得其門戶。朱子論祭祀無商音。宋徽宗強作徵調不成，必樂人辨得
聲音，方可理會，但此別是一項，也不消理會。蓋周衰，疇人子弟
分散，樂器度數及鏗鏘鼓舞，無一存者，而欲鑿空造說，止自欺之
學耳。故於前儒之說，相沿既久，及義意猶可窺尋者，約略存之，
以俟後學之參考，而不敢強爲之說，以附韓、朱二子闕疑慎言之義
云。（《周官析疑》卷二十一，〈春官·大司樂〉後，頁 221。）

而方苞也說：

禮文殘缺，國喪尤甚，宜僕之有言而不信也。然先王緣人情而制禮，
心所不安，不可以前儒既有是說，而溺於所聞也；不可以經傳本無
是文，而遂謂古無是禮也。〔註90〕

皆表示其審慎求實，不囿於前儒舊說。而方苞曾說：

近世治經者有二患：或未嘗一涉諸經之樊，前儒之說罕經於目，而

〔註88〕可參考同前註，卷十九，〈春官·肆師〉，頁 295。

〔註89〕〔魏〕何晏注、〔宋〕邢昺疏、〔清〕阮元等校勘：《論語注疏》（臺北：藝文
印書館，1997 年 8 月初版第 13 刷，影印清嘉慶二十一年江西南昌府學刊《十
三經注疏》本），卷二，〈爲政〉，頁 18。

〔註90〕〔清〕方苞撰，劉季高點校：《方苞集》卷六，〈答禮館纂修書〉，頁 179。

自作主張以爲心得，不知皆膚學舊說，前賢已辨而絀之矣。或摭拾
陳言，少變其辭氣而漫無所發明。〔註91〕

而方苞的謹愼存疑，正可以說爲避免此淺涉輕薄的治經二患。茲則略爲舉例
如下：

1、〈天官·屨人〉：「辨外內命夫命婦之命屨、功屨、散屨。」

命屨與服而俱命者。功屨，人功細緻，若〈掌裘〉之功裘。散屨，
則常所服用及喪屨也。命夫、命婦謂再命以上受服者，《注》、《疏》
之說，于經無考，姑闕疑焉。（《周官集注》卷二，頁 69～70）

《周禮注疏》鄭玄《注》說：

命夫之命屨，纁屨。命婦之命屨，黃屨以下。功屨次命屨，於孤卿、
大夫則白屨、黑屨，九嬪、內子亦然。世婦、命婦以黑屨爲功屨。
女御、士妻命屨而已。士及士妻，謂再命受服者，散屨，亦謂去飾。

賈公彥《疏》說：

云命夫之命屨者，以其經不云舄，唯云屨。大夫以上衣冠則有命舄，
無命屨，故知命屨中唯有屨而已。士之命服，爵弁則纁屨，故云命
屨，纁屨而已。云命婦之命屨，黃屨以下者，以其外命婦、孤妻已
下，內命婦九嬪已下不得服舄，皆自鞠衣以下，故云黃屨以下，言
以下者，兼有卿大夫妻及二十七世婦皆展衣、白屨。士妻與女御皆
褖衣、黑屨，故云以下以廣之。云功屨次命屨，於孤卿、大夫則白
屨、黑屨者，案：〈司服〉：孤希冕，卿大夫玄冕，皆以赤舄爲命舄，
以下仍有韋弁、白屨，冠弁、黑屨，故云次命屨。命屨據婦人而言，
其實孤卿、大夫身則功屨次命舄也。云九嬪、內子亦然者，九嬪與
孤妻內子，既以黃屨爲命屨，功屨之中有褕衣、白屨，褖衣、黑屨，
故云亦然。云世婦以黑屨爲功屨者，以其皆以褕衣、白屨爲命屨，
其功屨唯有褖衣、黑屨也。云女御、士妻命屨而已者，以二者唯有
褖衣、黑屨爲命屨，故云命屨而已。云士及士妻，謂再命受服者，
案：〈大宗伯〉云：一命受職，再命受服，但公、侯、伯之士一命，
子、男之士不命，及王之下士皆受職，不受服。王之中士，再命。
上士，三命已上乃受服。受服則并得此屨，故云再命受服者也。云

散屨，亦謂去飾者，據臣言散，即上之素皆是無飾，互換而言，故云謂去飾者也。〔註92〕

方苞認爲《注》、《疏》之說，命屨、功屨、散屨的形制，於經無考，姑且闕疑。

2、〈春官・大宗伯〉：「以血祭祭社稷、五祀、五嶽，以貍沈祭山林川澤，以疈辜祭四方百物。」

〈祭法〉：王有大社，又有王社。張子曰：大社，祭天下之地示。王社，祭京師之地示，說本《白虎通》。竊意大社立于王宮，乃祭京師之地示。京，大也。師，眾也。京師之社，固可稱大。王者無外社，繫以王，則祭天下之地示也。此禮惟王有之，諸侯以下則否。王社所在，書傳無文，其即澤中之方丘與？（《周官集注》卷五，頁 148。《周官析疑》卷十七，頁 175。）

方苞於此談到王之大社與王社。〔註93〕方苞推測大社設於王宮，爲祭京師之地示。從字義上說，京爲大，師爲眾。京師之社，固然可以稱爲大。而「王者無外社」，社繫以王字，則爲祭天下之地示。惟有王才有祭地之禮，諸侯以下則沒有。王社的所在，「書傳無文」，缺乏記載，方苞懷疑「其即澤中之方丘與？」〔註94〕

3、〈春官・男巫〉：「男巫掌望祀、望衍，授號，旁招以茅。」

《注》：望祀謂有牲粢盛者。衍讀爲延，進也，謂但用幣致其神。

《疏》：望祀者，類、造、禬、禜，遙望而祀之。望衍者，攻說之禮，遙望延其神，以言語責之。義並無考。授號，授奉祭者以神之號，使知爲某神之至也。神來無方，故曰旁招。（《周官集注》卷六，頁 205。）〔註95〕

〔註92〕 以上鄭玄《注》，賈公彥《疏》，〔漢〕鄭玄注、〔唐〕賈公彥疏、〔清〕阮元等校勘：《周禮注疏》卷八，頁 132。

〔註93〕 〔漢〕鄭玄注、〔唐〕孔穎達疏、〔清〕阮元等校勘：《禮記注疏》（臺北：藝文印書館，1997 年 8 月初版第 13 刷，影印清嘉慶二十一年江西南昌府學刊《十三經注疏》本），卷四十六，〈祭法〉，頁 801 說：「王爲群姓立社，曰大社。王自爲立社，曰王社。」

〔註94〕 〔漢〕鄭玄注、〔唐〕賈公彥疏、〔清〕阮元等校勘：《周禮注疏》卷二十二，〈春官・大司樂〉，頁 342 說：「凡樂，函鐘爲宮，大蔟爲角，姑洗爲徵，南呂爲羽，靈鼓靈鼗，孫竹之管，空桑之琴瑟，〈咸池〉之舞；夏日至，於澤中之方丘奏之，若樂八變，則地示皆出，可得而禮矣。」

〔註95〕 鄭玄《注》、賈公彥《疏》，可參考同前註，卷二十六，〈春官・男巫〉，頁 400。

方苞以《注》、《疏》解說望祀、望衍之義，認爲其「義並無考」。

第三節　對《周禮》本文的校勘

　　方苞治經崇尙義理的推求，而於訓詁則略之。方苞說：「故凡名物之纖悉，推說之衍蔓者，概無取焉。」〔註96〕又說：「乃使戔戔於登降進反之儀，服物采色之辨，而相較於微乎之間，不亦末乎？」〔註 97〕方苞反對只拘拘於文字訓詁之間，其注重的是經義的闡發。雖然如此，方苞對於若干涉及文字校勘方面的問題，也是有其說法。方苞〈與閻百詩書〉說：

> 僕每見周、秦以前古書，字形與聲近，則眾書所傳多異，即一書諸
> 本中亦有增損改易。竊歎古書不可通者，多以字訛而人莫能辨也。
> 如〈商書〉「自周有終」，〈酒誥〉「爾尚克羞耇惟君」，解者支離牽合，
> 終不可通，若「君」與「周」互易，則其義不待詁而明矣，蓋篆體
> 二字本形似也。

> 韓退之〈羅池廟詩〉乃「此方之人，惟侯是非。」按其前後辭意，
> 昭然明白，而「此」以形訛「北」，「惟」以聲訛「爲」，子瞻不能辨，
> 又自爲之說，而大書深刻焉，則其讀書觀理之不詳可見矣。《莊子‧
> 外篇》「舜將死，眞泠禹曰」，不易爲「遺令」得乎？《史記‧封禪
> 書》「至梁父矣，而德不洽」，「梁父」非衍可乎？僕自恨寡陋，見古
> 書字訛，無所證據，而不敢擅易，願得博極羣書者以正之。故欲化
> 足下之成心而求助焉，非敢以辯翹明，惟足下鑒之！〔註98〕

方苞以周、秦以前古書，如果其字形與聲音相近，則眾書所傳之本多有差異，即使是一書的諸版本中，也有增損改易的情形。而古書內容不可通者，多是因爲文字訛誤，而卻不能辨別其正誤的緣故，方苞隨後舉數例解說，而於文末謙虛的表示「僕自恨寡陋，見古書字訛，無所證據，而不敢擅易，願得博極羣書者以正之。」方苞謹愼的態度也由此可知，雖然其自稱「寡陋」，但其關於文字訛誤的說法，也頗有有識之處。如上引文中提到的《莊子‧外篇》文字訛誤之例。此爲《莊子‧外篇‧山木》之文，「舜之將死，眞泠禹曰」，

〔註96〕〔清〕方苞撰，劉季高點校：《方苞集》卷四，〈《周官集注》序〉，頁83。
〔註97〕同前註，卷一，〈讀《儀禮》〉，頁 23～24。
〔註98〕同前註，卷六，頁 135～136。

方苞以「眞冷」爲「遺令」之誤。漢學學者王引之認爲是「乃命」之誤。兩說似皆可通，而方苞在王引之之前就已提出說法。〔註99〕而方苞於《周禮》，也有若干關於經文文句方面、文字訛誤的說法，而與《周禮注疏》本不同者，以下即分錯簡、斷句、文誤、衍文等項，各舉數例，略爲敍述。

一、錯　簡〔註100〕

（一）〈秋官・小司寇〉：「乃命其屬入會，乃致事。」

方苞《周官集注》引李耜卿（李光坡）曰：

此九字當在「登中于天府」之下，蓋〈小宰〉、〈小司徒〉文皆言考成、受會、致事，方繼以正歲帥屬云云，應同。（卷九，頁288。）

方苞引李光坡之說，認爲〈秋官・小司寇〉的「乃命其屬入會，乃致事」九字，應在前文「登中于天府」之下。其文爲「歲終，則令群士計獄弊訟，登中于天府。正歲，帥其屬而觀刑象，令以木鐸，曰：『不用灋者，國有常刑！』令群士，乃宣布于四方，憲刑禁。乃命其屬入會，乃致事。」〔註101〕因爲「〈小宰〉、〈小司徒〉文皆言考成、受會、致事，方繼以正歲帥屬云云」，〈小司寇〉應與其相同。〔註102〕而《周官集注》〈秋官・士師〉：「歲終，則令正要會。正

〔註99〕　錢穆《莊子纂箋》〈外篇・山木〉此句下，即引方苞與王引之之說。詳參錢穆撰：《莊子纂箋》（臺北：東大圖書公司，1985年11月重印初版，1993年1月重印4版），頁159。可參考吳孟復撰：《桐城文派述論》（合肥：安徽教育出版社，2001年7月），頁59。

〔註100〕〈地官・媒氏〉：「中春之月，令會男女，於是時也，奔者不禁。若無故而不用令者，罰之。司男女之無夫家者而會之」〔清〕方苞撰：《周官集注》（臺北：臺灣商務印書館，1983年景印清乾隆間寫《文淵閣四庫全書》第101冊），卷四，頁115～116說：「此經首言始婚者，次言娶判妻，入子者，次言鰥寡，節次甚明，但其文恐有錯簡，若移『若無故而不用令者，罰』之于『令男子三十而娶，女子二十而嫁』之下；移『司男女之無夫家者而會之』于『令會男女之下』，則無可疑矣，然就本文亦可通。」《周官集注》曾疑其有錯簡，而又說：「然就本文亦可通。」態度遊移不定，而《周官辨》、《周官析疑》指爲劉歆增竄，詳第六章，第一節，故不列入此錯簡項。

〔註101〕〔漢〕鄭玄注、〔唐〕賈公彥疏、〔清〕阮元等校勘：《周禮注疏》卷三十五，頁525～526。

〔註102〕同前註，卷三，〈天官・小宰〉，頁46～47說：「歲終，則令群吏致事。正歲，帥治官之屬而觀治象之灋，徇以木鐸曰：『不用灋者，國有常刑！』乃退，以宮刑憲禁于王宮。令于百官府曰：『各脩乃職，攷乃灋，待乃事，以聽王命。其有不共，則國有大刑！』卷十一，〈地官・小司徒〉，頁173～174說：「歲終，則攷其屬官之治成而誅賞，令群吏正要會而致事。正歲，則帥其屬而觀

歲,帥其屬而憲禁令于國及郊野」,說:

> 正要會在歲終,憲禁令在正歲,則〈小司寇〉職,「乃命其屬入會,
> 乃致事」,宜在「登中于天府」之下,益明矣。(卷九,頁290。)

又據〈士師〉「正要會在歲終,憲禁令在正歲」的順序,證以〈小司寇〉「乃命其屬入會,乃致事」應該在「登中于天府」句下,此「乃命其屬入會,乃致事」為錯簡。而方苞《周官析疑》則於〈秋官・小司寇〉:「歲終,則令群士計獄弊訟,登中于天府」,說:

> 王氏應電謂下經命其屬入會,乃致事,當繫於此,而以〈小司徒〉
> 比證,非也。〈小司徒〉考治成,正要會,一時之事耳,而此職則非
> 一時之事也。〔……〕蓋天、地二官所考之治成,所受之要會,其
> 事大抵相連,故可同時而考之受之。秋官之事,紛雜而各不相蒙,
> 故於歲終專弊獄訟,於正歲乃會庶事,所以專一而致其詳耳。(卷三
> 十二,頁333。)

方苞以王應電(?~?)「謂下經命其屬入會,乃致事,當繫於此,而以〈小司徒〉比證」為非,等於否定前所引李光坡說。而其理由為「〈小司徒〉考治成,正要會,一時之事耳」,而〈小司寇〉職則非一時之事。而且天、地二官「所考之治成,所受之要會」,其事大抵都相連,故可以同時考之受之。而秋官之事,紛然複雜而各不互相包括,「故於歲終專弊獄訟,於正歲乃會庶事,所以專一而致其詳耳。」

而《周官析疑》〈秋官・小司寇〉:「乃命其屬入會,乃致事」,說:

> 〈士師職〉正要會在歲終,憲禁令在正歲,則此經宜在登中於天府
> 之下錯簡也。(卷三十二,頁334。)

此認為「乃命其屬入會,乃致事」應在「登中于天府」之下,為錯簡。又與前說同。而《周官析疑》前一說,為何與其他說法矛盾,則未知其緣故。〔註103〕

教濩之象,徇以木鐸,曰:「不用濩者,國有常刑!」令群吏憲禁令,脩濩糾職,以待邦治。及大比、六鄉、四郊之吏,平教治,正政事,攷夫屋,及其眾寡、六畜、兵器,以待政令。」

〔註103〕〔清〕孫詒讓撰、王文錦、陳玉霞點校:《周禮正義》卷六十六,〈秋官・小司寇〉,「乃命其屬入會,乃致事」,頁2871說:「『乃命其屬入會,乃致事』者,此小司寇之官計也。入會致事,蓋遙冡上『歲終』為文。〈大宰〉云:『歲終,則令百官各正其治,受其會,聽其政事,而詔王廢置。』〈小宰〉云:『歲終,則令羣吏致事。』〈大司徒〉云:『歲終,則令教官正治而致事。』〈小司徒〉云:『歲終,令羣吏正要會而致事。』是諸官受會致事皆在歲終。王應電、

（二）〈秋官・罪隸〉：「其守王宮與其屬禁者，如蠻隸之事。」〈秋官・
　　閩隸〉：「掌子則取隸焉。」

方苞《周官集注》引王明齋（王應電）曰：

> 十四字宜屬〈閩隸〉，以文義詳之，不應未言〈蠻隸〉，而曰：「如蠻
> 隸之事。」（卷九，頁 302。）

方苞引王應電之說，認爲〈罪隸〉「其守王宮與其屬禁者，如蠻隸之事」十四
字，應屬閩隸，因爲以文義詳推，不應該未言蠻隸，就說：「如蠻隸之事。」
〈秋官・司隸〉掌管五隸，五隸依序爲〈罪隸〉、〈蠻隸〉、〈閩隸〉、〈夷隸〉、
〈貉隸〉。〔註104〕而其於《周官析疑》〈秋官・罪隸〉「其守王宮與其屬禁者，
如蠻隸之事」，則對〈罪隸〉錯簡有進一步的論證：

> 盜賊之子，其類姦兇，又親戚爲戮，不宜俾守王宮與野舍，故司隸
> 通掌五隸，而守王宮與其屬禁，獨舉四翟之隸，此爲〈閩隸〉下錯
> 簡無疑。（卷三十四，頁 352。）

方苞認爲罪隸爲「盜賊之子，其類姦兇，又親戚爲戮」，不應該使其守衛王宮
與野舍，故〈司隸〉掌管五隸，「而守王宮與其屬禁，獨舉四翟之隸」，〔註105〕
故〈罪隸〉此文應爲〈閩隸〉錯簡。而且其於他處也有佐證，《周官析疑》〈地
官・師氏〉「使其屬帥四夷之隸，各以其兵服守王之門外，且蹕。朝在野外，
則守內列。」

> 王門以夷隸守之者，使王朝夕出入，惕於德失政散，則四夷弗賓，
> 又使裔荒之人，知朝廷禮義之盛，以爲聲教也。觀此則知守王宮，
> 罪隸不與矣。〈罪隸〉職其守王宮二語，舊說謂繫〈閩隸〉下錯簡，
> 可徵信於此。（卷十二，頁 130。）

李光坡、姜兆錫、方苞、莊有可並謂此命入會致事當在歲終是也。姜又引〈士
師〉『歲終，則令正要會』爲證，尤塙。」孫詒讓以「乃命其屬入會，乃致事」
爲「遙冢上『歲終』爲文」，則不以其爲錯簡。而方苞雖認爲其當在歲終，而
以其爲錯簡。而方苞《周官析疑》另一說則認爲〈秋官〉事繁雜，故入會致
事在正歲，詳上文所述。而孫詒讓說姜兆錫「又引〈士師〉『歲終，則令正要
會』爲證，尤塙。」其實方苞也有以〈士師〉「歲終，則令正要會」爲證。

〔註104〕可參考〔漢〕鄭玄注、〔唐〕賈公彥疏、〔清〕阮元等校勘：《周禮注疏》卷三
　　　　十六，頁 546～547。

〔註105〕同前註，頁 546 說：「司隸掌五隸之灋，辨其物而掌其政令。帥其民而搏盜賊，
　　　　役國中之辱事，爲百官積任器，凡囚執人之事。邦有祭祀、賓客、喪紀之事，
　　　　則役其煩辱之事。掌帥四翟之隸，使之皆服其邦之服，執其邦之兵，守王宮
　　　　與野舍之屬禁。」

方苞認爲王門以夷隸守衛的用意，爲使王朝夕出入，警惕於德失政散，則四儀不賓服，又使裔荒遠方之人，知道朝廷禮義之盛，以爲風聲教化。以此則知守衛王宮，罪隸不參與。〈罪隸〉的「其守王宮與其屬禁者，如蠻隸之事」，爲〈閩隸〉錯簡，「可徵信於此。」〈罪隸〉有錯簡，本屬〈閩隸〉，而〈閩隸〉也有錯簡，本屬〈罪隸〉。《周官集注》〈秋官・閩隸〉：「掌子則取隸焉」，說：

> 舊說俱不可通，文有闕誤也。三隸皆有守王宮與屬禁，如〈蠻隸〉之文，而此獨無，則闕誤可知。（卷九，頁 302。）

方苞認爲「舊說俱不可通，文有闕誤也。」〈閩隸〉：「掌子則取隸焉」，文字上有闕誤。其他三隸皆有「其守王宮與其屬禁者，如蠻隸之事」的文字，而〈閩隸〉獨無此文，則可知是因爲文字闕誤的緣故。方苞《周官析疑》〈秋官・閩隸〉：「掌子則取隸焉」，說：

> 舊說俱不可通，疑此本〈罪隸〉之文，而二職互謌也。（卷三十四，頁 352。）

方苞於此懷疑〈秋官・閩隸〉：「掌子則取隸焉」，本爲〈罪隸〉的文字，而二者職文互爲訛誤。〈罪隸〉有錯簡，本屬〈閩隸〉。孫詒讓《周禮正義》也同意此說，其說：

> 「其守王宮與其屬禁者，如蠻隸之事」者，王應電云：「上〈司隸〉職止言掌帥四翟之吏及野舍之屬禁者，未及於罪隸也。以文勢推之，不應未言蠻隸而先如蠻隸之事。十四字疑閩隸脫簡而誤見於此。」王引之云：「『其守王宮』下脫『者』字，『與其』下脫『守』字。〈夷隸〉、〈貉隸〉皆云『其守王宮者與其守屬禁者，如蠻隸之事』，不應〈閩隸〉獨無此文。當如王應電說，移〈罪隸〉『其守王宮』三句於〈閩隸〉，而補『者』字『守』字。」案：王說是也。吳廷華、姜兆錫、方苞、江永、浦鏜、阮元、莊有可、蔣載康說並同。〔註106〕

孫詒讓肯定此說，其也引王應電之說。而又引同意王應電說的王引之之說，而其說更於文字上指出其有脫文。而方苞斷定錯簡受到後來的孫詒讓肯定，而且於其前後，同主此說的也有數人。後來阮元（1764～1849）主持刊刻的《十三經注疏》本《周禮注疏》〈校勘記〉於此也同意其爲錯簡，其說法與方苞也大抵相同。〔註107〕而方苞此說應可成立。

〔註106〕〔清〕孫詒讓撰、王文錦、陳玉霞點校：《周禮正義》卷六十九，頁 2885。
〔註107〕清嘉慶二十一年江西南昌府學刊《十三經注疏》本。臺北藝文印書館影印，

而〈閽隸〉也有錯簡，本屬〈罪隸〉。孫詒讓《周禮正義》說：

> 「云掌子則取隸焉」者，王引之云：「五字當在〈罪隸〉『凡封國若家』之下。言凡封國及都家，若王子出封，則取隸於罪隸，使往爲之役也。『子』上又有脫文耳。」案：王說是也。方苞亦以「子則取隸焉」爲〈罪隸〉之文。又職末「掌」字下，當依王說補「與鳥言，其守王宮者與其守屬禁者，如蠻隸之事」十九字。詳〈夷隸〉及〈罪隸〉疏。〔註108〕

孫詒讓肯定此爲〈罪隸〉錯簡，引王引之說，其說稍詳，並指出脫文。孫詒讓說：「方苞亦以『子則取隸焉』爲〈罪隸〉之文。」而上述的方苞說法，應指「掌子則取隸焉」爲本屬〈罪隸〉。

而方苞的說法雖然沒有王引之之說精密，而已大體正確的指出〈罪隸〉與〈閽隸〉之間的錯簡情形。

（三）〈秋官·象胥〉：「凡國之大喪，詔相國客之禮儀而正其位。凡軍旅、會同，受國客幣而賓禮之。凡作事，王之大事諸侯，次事卿，次事大夫，次事上士，下事庶子。」

方苞《周官集注》說：

> 「凡國之大喪」以下，乃〈掌客〉職錯簡。蓋〈象胥〉之職，前所列已備矣。而〈掌客〉未及大喪，詔相國客儀位，軍旅、會同、受幣、賓禮、國客，則職事有缺也。（卷十，頁323。）

方苞認爲〈秋官·象胥〉「凡國之大喪」以下，爲〈秋官·掌客〉錯簡。因爲〈象胥〉的職掌，前面所列已經詳備，而〈掌客〉「未及大喪，詔相國客儀位，軍旅、會同、受幣、賓禮、國客」等事，則於職掌事有缺，故「凡國之大喪以下」段，應屬〈掌客〉。《周官集注》〈秋官·掌客〉：「凡禮賓客，國新殺禮，凶荒殺禮，札荒殺禮，禍烖殺禮，在野在外殺禮」，說：

1997年8月初版第13刷。〔漢〕鄭玄注、〔唐〕賈公彥疏、〔清〕阮元等校勘：《周禮注疏》卷三十六，阮元撰、盧宣旬摘錄：〈《周禮注疏》卷三十六校勘記〉，頁553說：「唐石經諸本同。浦鏜引王明齋曰：『十四字宜屬〈閽隸〉，以文義詳之，不應未言〈蠻隸〉，而曰：如蠻隸之事。』按：〈司隸〉職云：『掌帥四翟之隸，使之皆服其邦之服，執其邦之兵，守王宮與野舍之屬禁。』則守王宮與其屬禁者，明屬四翟之隸之職，與罪隸無涉。今三翟隸有文，獨閽隸缺，明是彼之脫簡，誤衍於此。蓋賈《疏》本已如是，鄭《注》時則未誤也。○按：鄭《注》時本不如是。」

〔註108〕〔清〕孫詒讓撰、王文錦、陳玉霞點校：《周禮正義》卷六十九，頁2886。

〈環人〉職（應爲〈象胥〉職），「凡國之大喪」節，應次此節下。（卷十，頁 326。）

〈象胥〉「凡國之大喪」段，應在〈掌客〉「凡禮賓客」段下。

而《周官析疑》則認爲此爲〈小行人〉錯簡，其說：

> 此下三節，皆〈小行人〉錯簡。蓋貳之職事常與正相差。大喪，〈大行人〉詔相諸侯之禮，則詔相國客必〈小行人〉也。凡諸侯之王事，〈大行人〉辨其位，正其等，協其禮，賓而見之；則軍禮、會同，受國客幣而賓禮之，必〈小行人〉也。〈小行人〉職主國客，且使適四方，無國不到，於諸侯之望，卿大夫、庶子之選，知之必詳，故有王事則主作之。（卷三十六，頁 372。）

方苞《周官析疑》則認爲〈象胥〉「凡國之大喪」段應本屬〈小行人〉，因爲〈大行人〉爲正，而小行人爲副貳，副貳的職事等級常與正相差。如大喪，〈大行人〉有詔相諸侯之禮，則詔相國客，必定屬〈小行人〉所職掌。〈大行人〉的職掌，爲「凡諸侯之王事，辨其位，正其等，協其禮，賓而見之。」〔註 109〕則「軍禮、會同，受國客幣而賓禮之」等事，也必定屬〈小行人〉。故〈象胥〉「凡國之大喪」段應屬於〈小行人〉。

《周官集注》與《周官析疑》論〈象胥〉「凡國之大喪」段錯簡，歸屬不同，而且各有說法，未知孰是。

（四）〈秋官・方士〉：「以時脩其縣灋，若歲終，則省之而誅賞焉。」

方苞《周官析疑》說：

> 此縣師職之錯簡也。都家各有邑宰，其上有五大夫、兩卿以佐其長，脩法而省之，以行諸賞。長即兩卿之事耳，不宜屬方士。方士所掌不過都士、家士所上獄訟之辭。其他土地、人民之數，賦貢、師役之稽，承祀、興賢之典，讀法、施禁、講禮、屬俗之宜，皆不與聞。何由遙制而脩之省之，以獨斷其誅賞乎？〔……〕故使縣師脩縣法，省吏治，而行誅賞焉。（卷三十三，頁 342～343。）

《周官析疑》認爲〈秋官・方士〉：「以時脩其縣灋，若歲終，則省之而誅賞焉」爲〈地官・縣師〉錯簡。〈方士〉管轄範圍爲都家。〔註 110〕都，爲王子弟、

〔註 109〕〔漢〕鄭玄注、〔唐〕賈公彥疏、〔清〕阮元等校勘：《周禮注疏》卷三十七，〈大行人〉，頁 566。

〔註 110〕同前註，卷三十五，〈方士〉，頁 531 說：「方士掌都家。聽其獄訟之辭，辨其

公卿的采地。家，為大夫的采地。〔註111〕而〈方士〉所職掌「不過都士、家士所上獄訟之辭。」其他如「土地、人民之數，賦貢、師役之稽，承祀、興賢之典，讀法、施禁、講禮、屬俗之宜」等事，皆不在其職掌範圍之內。「何由遙制而脩之省之，以獨斷其誅賞乎？」其超出〈方士〉職掌之外，故其為錯簡，應屬於〈地官・縣師〉。

（五）〈春官・司几筵〉：「凡喪事，設葦席，右素几。其柏席用萑黼純。諸侯則紛純，每敦一几。」

方苞《周官析疑》以〈春官・司几筵〉「凡喪事，設葦席，右素几。其柏席用萑黼純。諸侯則紛純，每敦一几」段：

> 此蓋簡錯，文有脫誤，不可強為之說也。（卷十九，頁199。）

《周官析疑》認為此有錯簡，文字有脫誤，不可勉強為之解說。

（六）〈考工記・玉人〉：「繼子男，執皮帛。」

方苞《周官集注》引鄭剛中（鍔）曰：

> 有天子之孤，有公之孤。〈大宗伯〉曰：「孤執皮帛。」天子之孤也。
> 〈典命〉曰：「公之孤四命，以皮帛視小國之君。」二者皆執皮帛，
> 但天子之孤，飾以虎皮，公之孤飾以豹皮耳。天子之孤，不當繼子
> 男之後，故《注》謂此公之孤。然〈典命〉又有諸侯適子未誓，則
> 以皮帛繼子男之文。此文獨立，上無所承，意其斷簡失次也。（卷十
> 二，頁360。）

孤，為三公之副，王之孤三人，位尊於卿。而孤卿也常連稱。〔註112〕《周官集注》引宋代鄭鍔（？～？）說。孤，有天子之孤，有公之孤。〈春官・大宗伯〉說：「孤執皮帛。」〔註113〕此為天子之孤。〈春官・典命〉說：「公之孤四命，以皮帛眂小國之君。」〔註114〕此為公之孤。二者皆是持皮帛，只是天子之孤用虎皮裝飾，公之孤用豹皮裝飾而已。而天子之孤，不應當繼子男之後，

死刑之罪而要之，三月而上獄訟于國。司寇聽其成于朝，群士司刑皆在，各麗其法以議獄訟。獄訟成，士師受中，書其刑殺之成與其聽獄訟者。凡都家大事，聚眾庶，則各掌其方之禁令。以時修其縣法，若歲終，則省之而誅賞焉。凡都家之士所上治，則主之。」

〔註111〕可參考錢玄、錢興奇《三禮辭典》，〔都家〕，頁775。
〔註112〕同前註，〔孤〕，頁466。
〔註113〕〔漢〕鄭玄注、〔唐〕賈公彥疏、〔清〕阮元等校勘：《周禮注疏》卷十八，頁281。
〔註114〕同前註，卷二十一，〈春官・典命〉，頁322。

故鄭玄《注》說：「謂公之孤也。」〔註115〕以此爲公之孤。然而〈春官‧典命〉又有：「凡諸侯之適子，誓於天子，攝其君，則下其君之禮一等；未誓，則以皮帛繼子男」〔註116〕的文字。而〈考工記‧玉人〉的「繼子男，執皮帛。」此文字獨立而且與上無所承接，故以其爲「斷簡失次。」

二、斷句（句讀）

（一）〈地官‧旅師〉：「旅師掌聚野之鋤粟、屋粟、閒粟而用之，以質劑致民。」

《周官集注》（卷四，頁129）、《周官析疑》（卷十五，頁154）皆讀作「旅師掌聚野之鋤粟、屋粟、閒粟而用之」爲句，「而用之」屬上句，而「以質劑致民」則屬下一句。《周禮注疏》則讀作「旅師掌聚野之鋤粟、屋粟、閒粟，而用之以質劑致民。」鄭玄《注》說：

　　而讀爲若，聲之誤也。若用之謂恤民之艱阨，委積於野，如遺人於
　　鄉里也。〔註117〕

因以「而用之」屬下句，鄭玄將「而」改讀爲「若」，爲「若用之」。然而其解釋頗迂曲難通。而《周官集注》、《周官析疑》皆無對爲何如此斷句的提示與相關解說，但其斷句相同。「而用之」屬上句，不改讀爲「若」，較鄭玄說合理。孫詒讓《周禮正義》也同意如此斷句，其說：

　　「而用之」者，此當屬上爲句。〔……〕江永云：「舊讀『而用之』
　　者，而字爲若。今詳文勢及經意，當讀本音，與上連爲一句。此粟
　　歲歲皆用，非謂有時而用也。」案：江說本王安石，是也。王昭禹、
　　王與之、王應電、姜兆錫、方苞、莊存與、武億、莊有可讀並同。
　　〔註118〕

方苞如此斷句受到後來的孫詒讓肯定，而且於其前後，同主此斷句的也有數人。方苞如此斷句應可成立。

（二）〈春官‧小祝〉：「掌小祭祀將事侯禳禱祠之祝號，以祈福祥，順

〔註115〕同前註，卷四十一，〈考工記‧玉人〉，頁631。
〔註116〕同前註，卷二十一，〈春官‧典命〉，頁322。
〔註117〕同前註，卷十六，〈地官‧旅師〉，頁243。
〔註118〕〔清〕孫詒讓撰、王文錦、陳玉霞點校：《周禮正義》卷三十，〈地官‧旅師〉，
　　　　頁1165。

豐年，逆時雨，寧風旱，彌烖兵，遠辠疾。」

方苞《周官析疑》（卷二十三，頁239）說：「賈《疏》以將事屬下句，非也。」方苞以「掌小祭祀將事〔……〕」爲句。賈公彥《疏》說：「掌小祭祀者，即是將事侯禳已下禱祠之事是也。」〔註119〕則知賈公彥以「掌小祭祀，將事侯禳禱祠之祝號，〔……〕」爲句，以將事屬下句，方苞以其爲非。

（三）〈春官·保章氏〉：「以五雲之物，辨吉凶、水旱，降豐荒之祲象。」

《周官集注》（卷六，頁209）、《周官析疑》（卷二十四，頁247）皆以「辨吉凶斷句，水旱斷句。」而鄭玄《注》說：「降，下也，知水旱所下之國。」〔註120〕則可知其以「以五雲之物，辨吉凶、水旱降豐荒之祲象」爲句。而《周官集注》於「辨吉凶斷句，水旱斷句」前，有說依鄭玄《注》，但是不取「知水旱所下之國」之說。〔註121〕而後一說與《周官析疑》說同，其說：

> 辨吉凶斷句，水旱斷句。辨吉凶，兼天災人禍。人禍之修救，則下
> 經所云：救政、序事具之矣。若水旱則必預降豐荒之祲象，使吏民
> 得早爲之備，並降豐象者，知何方豐，何方凶，然後可移用其民，
> 而均其食也。

《周官析疑》後多「《注》未安」三字，表示其不同意鄭玄《注》說。而以「辨吉凶」、水旱」斷句。

（四）〈夏官·節服氏〉：「節服氏掌祭祀朝覲袞冕，六人維王之太常。」

方苞《周官集注》（卷七，頁249）說：

> 掌祭祀朝覲袞冕句，六人維王之大常句。蓋掌祭祀朝覲之袞冕，而
> 以六人持王之大常也。

《周官集注》以「掌祭祀朝覲袞冕」斷句，「六人維王之太常」斷句。其義爲節服氏掌管祭祀、朝覲之袞冕，而以六人持王之大常。而《周禮注疏》則讀

〔註119〕〔漢〕鄭玄注、〔唐〕賈公彥疏、〔清〕阮元等校勘：《周禮注疏》卷二十五，〈春官·小祝〉，頁390。

〔註120〕同前註，卷二十六，〈春官·保章氏〉，頁407。

〔註121〕〔漢〕鄭玄注、〔唐〕賈公彥疏、〔清〕阮元等校勘：《周禮注疏》卷二十六，〈春官·保章氏〉，頁406～407說：「物，色也。視日旁雲氣之色。降，下也，知水旱所下之國。鄭司農云：『以二至二分觀雲色。青爲蟲，白爲喪，赤爲兵荒，黑爲水，黃爲豐。故《春秋傳》曰：「凡分至啓閉，必書雲物，爲備故也。」』故曰凡此五物，以詔救政。」《周官集注》卷六，頁209說：「物，色也。視日旁雲氣之色。降，下也。以二至二分觀雲色。青爲蟲，白爲喪，赤爲兵荒，黑爲水，黃爲豐。《春秋傳》曰：『凡分至啓閉，必書雲物，爲備故也。』」

作「掌祭祀朝覲，衰冕六人，維王之太常」爲句，鄭玄《注》說：

> 服衰冕者，從王服也。〔註122〕

以「衰冕六人」爲句，則節服氏與王同服衰冕，鄭玄說是「從王服」。而方苞於下句「諸侯則四人，其服亦如之」，說：

> 「其服亦如之」，疑注語而誤爲經文也。蓋注家誤以衰冕六人爲句，而疑諸侯四人，何以不言所服，妄綴此語，而不知義不可通。衰冕惟上公加賜乃有之，諸侯不得服也，況以諸侯之下士服之乎？古者軍旅同服，或以防姦宄。祭祀朝覲，無故而亂灉服之常，義無所取也。（《周官集注》卷七，頁249。）〔註123〕

方苞認爲「其服亦如之」，疑爲注語而誤入爲經文。注家誤以衰冕六人爲斷句，而懷疑諸侯四人，爲何不言其所服，因而妄增加「其服亦如之」之語，卻不知其於義不可通。衰冕惟有「上公加賜」才有，就是諸侯也不得服衰冕，更何況是諸侯之下士。節服氏既然爲下士，〔註124〕而祭祀朝覲禮儀等位甚嚴，則不能亂其上下階級，而與王同服衰冕。因此，方苞說：「祭祀朝覲，無故而亂灉服之常，義無所取也。」故以「節服氏掌祭祀朝覲衰冕」爲句，「六人維王之太常」爲句，其論證合理。孫詒讓《周禮正義》也同意如此斷句：

> 「掌祭祀朝覲衰冕，六人維王之大常」者，此當讀衰冕句，鄭、賈讀誤，詳後。〔……〕祭祀朝覲儀等至嚴，乃令下士與王同服，以此爲節，揆之禮意，殆不然矣。〔……〕〔註125〕案：惠（士奇）、曾（釗）、金（鶚）、呂（飛鵬）讀「掌祭祀朝覲衰冕」爲句，於義

〔註122〕〔漢〕鄭玄注、〔唐〕賈公彥疏、〔清〕阮元等校勘：《周禮注疏》卷三十一，〈夏官・節服氏〉，頁475。

〔註123〕〔清〕方苞撰：《周官析疑》卷二十九，〈夏官・節服氏〉，「掌祭祀、朝覲衰冕，六人維王之太常。諸侯則四人，其服亦如之」，頁296說：「『其服亦如之』，疑注語而誤錄爲經文也。蓋注家誤以衰冕六人爲句，而疑諸侯四人，何以不言所服，妄綴此語，而不知義不可通。衰冕惟上公加命乃有之，諸侯不得服也，況以諸侯之下士服之乎？古者軍旅同服，或以防姦宄。祭祀、朝覲，無故而亂法服之常，義無所取。」其說相同。《周官析疑》卷二十九，〈夏官・節服氏〉「郊祀裘冕，二人執戈，送逆尸從車」，頁296說：「享先公鷩冕，而郊祀可裘冕者，大裘質而無文，非衰之比。觀此，則上經應以衰冕斷句益明矣。」

〔註124〕〔漢〕鄭玄注、〔唐〕賈公彥疏、〔清〕阮元等校勘：《周禮注疏》卷二十八，〈夏官・節服氏〉序官，頁432說：「節服氏，下士八人，徒四人。」

〔註125〕此以下引惠士奇（1671～1741）、曾釗（1793～1854）、金鶚（1771～1819）、呂飛鵬（？～？）諸人之說，其持論大抵皆與方苞相同。

較通。王應電、方苞讀同。〔註126〕

孫詒讓肯定以「掌祭祀朝覲衰冕」斷句，認為「於義較通。」而方苞論證合理，且於其前後，同主此斷句的也有數人。方苞如此斷句應可成立。

三、文　誤〔註127〕

（一）〈天官・內宰〉：「會內宮之財用。」

方苞《周官集注》說：

內宮當作內官，文誤也。〈周語〉：「內官不過九御。」凡內，對外而言也。無外宮而曰內宮，則義無所處矣。（卷二，頁60～61）

《周官集注》認為〈天官・內宰〉的「會內宮之財用」，「內宮」當作「內官」，其為文誤。凡是內，為對外而言的。無外宮而說內宮，「則義無所處矣。」

（二）〈天官・女史〉：「掌內治之貳，以詔后治內政。逆內宮。書內令。」

方苞《周官集注》說：「內宮亦當作內官。」（卷二，頁64。）《周官集注》認為〈天官・女史〉的「掌內治之貳，以詔后治內政。逆內宮。書內令」，「內宮」也當作「內官」，其為文誤。

（三）〈地官・胥師〉：「察其詐偽、飾行、價慝者而誅罰之。」、〈地官・賈師〉：「凡天患，禁貴價者，使有恒賈。」

方苞《周官集注》皆說：「價當作賣。」（卷四，頁119。）《周官集注》以〈地官・胥師〉：「察其詐偽、飾行、價慝者而誅罰之」與〈地官・賈師〉的「凡天患，禁貴價者，使有恒賈」的價當作賣，其為文誤。

（四）〈夏官・廋人〉序官

方苞《周官析疑》說：

廋疑當作庾。庾，露積也。菽粟宜有蓋藏，芻禾橫恒多露積。馬之阜惟芻秣是視，庾人掌十有二閑之政教，以阜馬。每閑二人，所掌必芻

〔註126〕〔清〕孫詒讓撰、王文錦、陳玉霞點校：《周禮正義》卷五十九，〈夏官・節服氏〉，頁2490～2491。

〔註127〕《周官集注》多有依鄭玄《注》指出如某當作某的文誤，茲不列入舉例。列入舉例者以方苞自己所提出者為主。然而如《周官集注》卷五，〈春官・外宗〉，「大喪，則敘外內朝莫哭者，哭諸侯亦如之」，頁175說：「《注》，及字乃外字之誤。」此為方苞以鄭玄《注》：「內，內外宗及外命婦」的及字為外字之誤，此非指經文，故不列入。可參考〔漢〕鄭玄注、〔唐〕賈公彥疏、〔清〕阮元等校勘：《周禮注疏》卷二十一，〈春官・外宗〉，頁331。

秣也。《左傳》有庾皮。後周庾信自述受姓之始，曰：掌庾承周。而
五官中別無掌庾、庾人，則庾譌而為廈，明矣。（卷二十五，頁261。）

方苞《周官析疑》懷疑「廈」當作「庾」，「廈」為「庾」之譌，其為文誤。

（五）〈夏官・諸子〉：「凡國之政事，國子存遊倅，使之修德學道，春合諸學，秋合諸射，以攷其藝而進退之。」

方苞《周官集注》（卷七，頁247）、《周官析疑》（卷二十九，頁294）皆說：「國子當為諸子，文誤也。」方苞認為〈夏官・諸子〉的「國子」當為「諸子」，其為文誤。

（六）〈秋官・條狼氏〉：「條狼氏掌執鞭以趨辟。王出入則八人夾道，公則六人，侯伯則四人，子男則二人。」

方苞《周官集注》說：

趨辟，趨而辟行人。序官下士六人，豈文誤與？（卷十，頁306）

《周官集注》以〈秋官・條狼氏〉序官下士六人，[註128] 而〈秋官・條狼氏〉卻說「王出入則八人夾道。」因此，《周官集注》懷疑其文有誤。

（七）〈考工記・輪人〉：「部長二尺。」

方苞《周官集注》說：「部長當作達常，文誤也。」（卷十一，頁341）《周官集注》以〈考工記・輪人〉的「部長二尺」，部長為達常之誤，其為文誤。

（八）〈考工記・鳧氏〉：「是故大鍾十分，其鼓間以其一為之厚。小鍾十分，其鉦間以其一為之厚。」

方苞《周官集注》說：「據上文鼓間、鉦間分數同。豈鼓間乃銑間之誤與？」（卷十一，頁351）《周官集注》以〈考工記・鳧氏〉的鼓間為銑間之誤，其為文誤。

（九）〈考工記・弓人〉：「居幹之道，菑栗不迆，則弓不發。」

方苞《周官集注》說：「菑當作椔。」（卷十二，頁379）《周官集注》以〈考工記・弓人〉的「居幹之道，菑栗不迆，則弓不發」，菑當作椔，為文誤。

四、衍　文

（一）〈春官・肆師〉：「凡師甸，用牲于社，宗則為位。」

[註128] 〔漢〕鄭玄注、〔唐〕賈公彥疏、〔清〕阮元等校勘：《周禮注疏》卷三十四，〈秋官・條狼氏〉序官，頁513說：「條狼氏，下士六人，胥六人，徒六十人。」

方苞《周官集注》（卷五，頁159）、《周官析疑》（卷十八，頁191）皆引李光坡曰：「甸字疑衍。」《周官集注》、《周官析疑》引李光坡說，懷疑〈春官・肆師〉的「凡師甸，用牲于社，宗則爲位」，甸字爲衍文。

　　（二）〈春官・大史〉：「凡邦國都鄙及萬民之有約劑者藏焉，以貳六官，六官之所登。」

方苞《周官集注》說：「六官二字衍。」（卷六，頁206）《周官集注》以〈春官・大史〉的「凡邦國都鄙及萬民之有約劑者藏焉，以貳六官，六官之所登」，六官二字爲衍文。

　　（三）〈秋官・柞氏〉：「柞氏掌攻草木及林麓。」

方苞《周官集注》說：「草字疑衍。或曰：草之與木叢生者，則并除之。」（卷十，頁308）《周官集注》以「柞氏掌攻草木及林麓」的草字爲衍文。又引或曰之說，其以草與木一起叢生者，則一並除之，則不以其爲衍文。〔註129〕

五、脫　文

　　（一）〈地官・司關〉：「凡貨不出于關者，舉其貨，罰其人。」

方苞《周官集注》引王氏曰：「出下疑脫入字。」（卷四，頁122）《周官集注》引王氏說，懷疑〈地官・司關〉的「凡貨不出于關者，舉其貨，罰其人」，出之下脫入字。

以上爲方苞對《周禮》中，認爲的錯簡、斷句（句讀）、文誤、衍文、脫文等，儘管有些只是零散的提出，而缺乏深入論證；而有的是爲合其解說，而認爲文字有脫誤；也有懷疑文字有脫誤，存疑而不勉強解說的；有的則是說法的不定，如錯簡項中的〈秋官・小司寇〉，《周官集注》、《周官析疑》皆以其有錯簡，而《周官析疑》又以王應電的相同說法爲非。〈秋官・象胥〉錯簡，有《周官集注》〈秋官・掌客〉、《周官析疑》〈秋官・小行人〉二說，未知孰是。

但是其中還是有其論證合理，判斷實屬有識的，如錯簡項中的〈秋官・罪隸〉、〈閩隸〉錯簡，斷句（句讀）的〈地官・旅師〉、〈夏官・節服氏〉等。方苞接受他人說法，如引述明代王應電之說，而也結合其自己的判斷，提出

〔註129〕同前註，卷三十七，〈秋官・柞氏〉，頁557。賈公彥《疏》說：「此〈柞氏〉與〈薙氏〉治地，皆擬後年乃種田，但下有〈薙氏〉除草。此〈柞氏〉攻木兼云草者，以攻木之處有草兼攻之，故云草也。」

本源既浚，末流亦清。」〔註135〕而方苞本人雖無提到「以經解經」，而其說：
「眾言樊亂，必折諸經。」〔註136〕又說：「諸儒好爲異說，皆未通攷經文之過
也。」〔註137〕又說：「諸儒好異說，皆由未嘗熟復經文耳。」〔註138〕又說：「諸
儒之說，皆由未嘗詳考經傳之文耳。」〔註139〕諸說是非以經傳爲衡量。〔註140〕
而其所擬定纂修《三禮義疏》的條例，以經解經的方法也在其中，如「正義」
爲「乃直詁經義，確然無疑者。」「通論」爲「或以本節本句參證他篇；或引
他經與此經互相發明。」此與「通諸經以通一經」性質相同。而對舊說、異
說的處理，如「辨正」爲「乃後儒駁正舊說，至當不易者。」「餘論」爲「雖
非正解，而依附經義，於事物之理有所發明，如程子《易傳》、胡氏《春秋傳》
之類。」「存疑」爲「各持一說，義皆可通，不宜偏廢。」「存異」爲「如《易》
之取象，《詩》之比興，後儒務爲新奇而可欺惑愚眾者，存而駁之，使學者不
迷於所從。」〔註141〕此則與「悟傳注之失」可堪比類。〔註142〕而茲則以「以

〔註135〕 鄭吉雄〈乾嘉學者治經方法與體系舉例試釋〉，蔣秋華主編：《乾嘉學者的治
經方法》（臺北：中央研究院中國文哲研究所籌備處，2000年10月），頁113。
而鄭吉雄認爲乾嘉學者以經釋經的治經方法，遠源爲歷代儒者所創發的「利
用經部文獻互相釋證」的方法，而近源則在清初。而除萬斯大外，毛奇齡（1623
～1716）、惠周惕（約1646～約1695）也有相同的主張。毛奇齡，可詳參〈乾
嘉學者治經方法與體系舉例試釋〉，頁113～114。惠周惕，可詳參鄭吉雄〈乾
嘉治經方法中的思想史線索——以王念孫《讀書雜志》爲例〉，林師慶彰、張
壽安主編：《乾嘉學者的義理學》（臺北：中央研究院中國文哲研究所，2003
年2月），頁488～491。惠周惕約略生卒年依鄭吉雄〈乾嘉治經方法中的思
想史線索——以王念孫《讀書雜志》爲例〉，頁488。
〔註136〕〔清〕方苞撰，劉季高點校：《方苞集》（上海：上海古籍出版社，1983年5
月），卷一，〈成王立在襁褓之中辨〉，頁32。
〔註137〕〔清〕方苞撰：《周官析疑》（上海：上海古籍出版社，1995年，《續修四庫
全書》第79冊，經部・禮類，據華東師範大學圖書館藏清康熙六十年陳鵬（原
誤爲彭，今逕爲改正）年，雍正九年朱軾，乾隆八年周力堂等遞刻本影印），
卷六，〈天官・外府〉，頁59。
〔註138〕 同前註，卷十二，〈地官・縣師〉，頁122。
〔註139〕 同前註，卷二十一，〈春官・大司樂〉，頁217。
〔註140〕 再者如同前註，卷十二，〈春官・司宗彝〉，頁197說：「天子之禮皆以十二爲
節，〔……〕參伍經傳，〔……〕考之經記，似尚爲可據。」卷九，〈地官・大
司徒〉，頁94說：「禮以義起，邦國禮雖亡，參伍經傳，其大義猶可得而推也。」
〔註141〕 以上所舉條例，載於〔清〕方苞撰，劉季高點校：《方苞集》，集外文，卷二，
〈擬定纂修三禮條例箚子〉，頁565。
〔註142〕〔清〕方苞撰，劉季高點校：《方苞集》卷六，〈答禮館諸君子書〉，頁178
也說：「願諸君子一以事理之實求之，而毋桎於舊說也。」

本經解本經」、「以他經解本經」、「其他」略爲舉例探討。〔註143〕

（一）以本經解本經

1、〈天官・大宰〉：「以九賦斂財賄，〔……〕九曰幣餘之賦。」

> 幣餘即〈職幣〉所斂餘幣也。餘幣乃邦物而謂之賦者，既已給之，
> 又振之以歸于國，故云賦也。（《周官集注》卷一，頁16）

〈天官・職幣〉爲「掌式灋以斂官府都鄙與凡用邦財者之幣，振掌事者之餘財。」〔註144〕此以〈職幣〉解說〈大宰〉九賦中的幣餘之賦，認爲幣餘爲「〈職幣〉所斂餘幣」，而餘幣爲「邦物」而稱其爲「賦」，爲既已支出給官府，而又將其剩餘的財幣歸於國家，故稱其爲「賦」。

2、〈地官・山虞〉：「凡竊木者，有刑罰。」

> 〈閭師〉職，「不樹者無椁」，則宅舍無棄地。此職竊木有刑罰，則
> 原野無耗材。古之治天下者至纖至悉也。故蓄積足恃，皆此類也。（《周
> 官集注》卷四，頁134。《周官析疑》卷十五，頁160。）

以〈地官・閭師〉的「不樹者無椁」〔註145〕與〈地官・山虞〉：「凡竊木者，有刑罰」相解說。〈閭師〉「不樹者無椁」，則人居宅舍無廢棄的土地，而〈山虞〉「竊木有刑罰」，則原野無浪費消耗的木材。

3、〈夏官・小子〉：「凡沈辜侯禳，飾其牲。」

> 辜，磔牲以祭，即〈宗伯〉職所謂疈辜也。（《周官集注》卷七，頁

〔註143〕鄭吉雄〈乾嘉學者治經方法與體系舉例試釋〉，蔣秋華主編：《乾嘉學者的治經方法》，頁115～139，舉乾嘉學者的治經方法九例，分別爲「以本經自證」、「以他經證本經」、「校勘異文歸納語義以證本經」、「聯繫四部文獻材料以釋經」、「發明釋經之例」、「以經說字」、「以經證史」、「以經義批判諸子思想」、「發揮經書字義」等。而以下「以本經解本經」、「以他經解本經」、「其他」的舉例，以《周官集注》（臺北：臺灣商務印書館，1983年景印清乾隆間寫《文淵閣四庫全書》第101冊）、《周官析疑》（上海：上海古籍出版社，1995年，《續修四庫全書》第79冊，經部・禮類，據華東師範大學圖書館藏清康熙六十年陳鵬（原誤爲彭，今逕爲改正）年，雍正九年朱軾，乾隆八年周力堂等遞刻本影印）爲主，而且次數多，茲以括號著上書名、卷數、頁數，不再一一出註。此及下「以他經解本經」、「其他」，舉例以方苞自己解說者爲主，而用鄭玄《注》、《疏》，或引用其他人的解說中，有同樣方法的，不在舉例之列。

〔註144〕〔漢〕鄭玄注、〔唐〕賈公彥疏、〔清〕阮元等校勘：《周禮注疏》（臺北：藝文印書館，1997年8月初版第13刷，影印清嘉慶二十一年江西南昌府學刊《十三經注疏》本），卷七，〈天官・職幣〉，頁106～107。

〔註145〕同前註，卷十三，〈地官・閭師〉，頁203。

237。）辜爲分裂牲體以祭，即爲〈春官・大宗伯〉職文「以貍辜祭
四方百物」〔註146〕的「貍辜」，其義相同。此爲以〈春官・大宗伯〉
解說〈夏官・小子〉。

以本經解本經，在本經的範圍之中，其內容通貫，以前後文意義互證，其安
全性與可靠性也較高。〔註147〕

（二）以他經解本經

1、〈地官・質人〉：「質人掌成市之貨賄、人民、牛馬、兵器、珍異。」

《書》曰：「臣妾逋逃。」《詩》曰：「人有民人，女覆奪之。」即奴
婢也。古者盜賊之子女始爲奴。豈罪隸舂槀之外，或以賜羣臣，故
得相鬻與？百里奚自鬻于秦養牲者，則鬻身者，周時亦間有之。但
秦、漢間始名爲奴婢耳。（《周官集注》卷四，頁118。）〔註148〕

以《尚書・費誓》〔註149〕、《詩經・大雅・瞻卬》〔註150〕解說〈地官・質人〉
的「人民」。

2、〈春官・保章氏〉：「凡此五物者，以詔救政，訪序事。」

《春秋傳》：梁山崩，晉侯召伯宗。伯宗問于重人而得其禮，所謂訪
序事也。（《周官集注》卷六，頁209。《周官析疑》卷二十四，頁248。）

爲《左傳》成公五年。〔註151〕以《左傳》成公五年梁山崩事解說〈春官・保

〔註146〕同前註，卷十八，〈春官・大宗伯〉，頁272。
〔註147〕可參考鄭吉雄〈乾嘉治經方法中的思想史線索——以王念孫《讀書雜志》爲
例〉，林師慶彰、張壽安主編：《乾嘉學者的義理學》，頁491～494。
〔註148〕〔清〕方苞撰：《周官析疑》卷十三，〈地官・質人〉，頁136，引徐念祖曰：
「古無奴婢，而《書》曰：『臣妾逋逃。』似謂奴婢。豈盜賊之子女，罪隸舂
槀之外，或以賜羣臣，故士大夫之家，間亦有之與？《記》稱子碩請鬻庶弟
之母。又曰：買妾不知其姓，則卜之。市有人民，蓋謂此等。豈士大夫家亦
有以所畜臣妾相鬻者與？」
〔註149〕題〔漢〕孔安國傳、〔唐〕孔穎達疏、〔清〕阮元等校勘：《尚書注疏》（臺北：
藝文印書館，1997年8月初版第13刷，影印清嘉慶二十一年江西南昌府學
刊《十三經注疏》本），卷二十，〈周書・費誓〉，頁312。
〔註150〕〔漢〕毛亨撰，鄭玄箋、唐孔穎達疏、〔清〕阮元等校勘：《毛詩注疏》（臺北：
藝文印書館，1997年8月初版第13刷，影印清嘉慶二十一年江西南昌府學
刊《十三經注疏》本），卷十八，頁694。
〔註151〕可參考〔周〕左丘明傳、〔晉〕杜預注、〔唐〕孔穎達疏、〔清〕阮元等校勘：
《春秋左傳注疏》（臺北：藝文印書館，1997年8月初版第13刷，影印清嘉
慶二十一年江西南昌府學刊《十三經注疏》本），卷二十六，頁440說：「梁
山崩，晉侯以傳召伯宗。伯宗辟重，曰：『辟傳！』重人曰：『待我，不如捷

章氏〉的「訪序事」。

3、〈夏官·量人〉：「凡宰祭與鬱人受斝歷而皆飲之。」

冢宰容攝祭。斝，酒器。或曰：讀如蝦尸之蝦。歷與瀝通。〈曾子問〉：宗子有故在他國，攝主不假，不敢受福也。宰攝祭，故不敢飲福，而神惠不可虛，故量人、鬱人飲之，分絕遠則無嫌也。《周書·顧命》：大保飲福，嗣君在而亞獻，故不嫌。（《周官集注》卷七，頁237。）

以《禮記·曾子問》〔註152〕與《尚書·顧命》解說〈夏官·量人〉。

4、〈夏官·司險〉：「設國之五溝五涂，而樹之林以為阻固，皆有守禁，而達其道路。」

《易》曰：「王公設險以守其國。」山川丘陵之險，天作地成，非人力所能設也。周公設司險、掌固之官，所恃惟溝樹耳。每見山澤豪民居阻溝樹，盜賊即不敢犯。井田雖難驟復，苟城邑要塞多設溝樹，則居者有以自固，而戎馬失其利，此為民長慮者，所宜先務也。（《周官集注》卷七，頁239。）〔註153〕

其以《周易》〈坎卦·象傳〉「王公設險以守其國」〔註154〕解說〈夏官·司險〉。

5、〈秋官·鄉士〉：「聽其獄訟，察其辭。辨其獄訟，異其死刑之罪而要之，旬而職聽于朝。」

《春秋傳》：使王叔之宰與伯輿合要，王叔氏不能舉其契。（《周官集

之速也。』問其所。曰：『絳人也。』問絳事焉。曰：『梁山崩，將召伯宗謀之。』問將若之何。曰：『山有朽壤而崩，可若何？國主山川，故山崩川竭，君為之不舉、降服、乘縵、徹樂、出次，祝幣，史辭以禮焉。其如此而已。雖伯宗，若之何？』伯宗請見之。不可。遂以告，而從之。」

〔註152〕〔漢〕鄭玄注、〔唐〕孔穎達疏、〔清〕阮元等校勘：《禮記注疏》卷十九，頁379～380說：「曾子問曰：「宗子為士，庶子為大夫，其祭也如之何？」孔子曰：「以上牲祭於宗子之家。祝曰：『孝子某為介子某薦其常事。』若宗子有罪，居于他國，庶子為大夫，其祭也，祝曰：『孝子某使介子某執其常事。』攝主不厭祭，不旅，不假，不綏祭，不配。布奠於賓，賓奠而不舉，不歸肉。其辭於賓曰：『宗兄、宗弟、宗子在他國，使某辭。』」

〔註153〕〔清〕方苞撰：《周官析疑》卷二十八，頁285說：「《易》曰：『王公設險以守其國。』山川邱陵之險，天作地成，非人力所能設也。周公設司險、掌固之官，所恃惟溝樹耳。每見山澤豪民居阻溝樹，盜賊即不敢犯。苟城邑要塞多設溝樹，則居者有以自固，而戎馬失其利，此為民長慮者，所宜先務也。」其說相同。

〔註154〕〔魏〕王弼注、〔晉〕韓康伯注、〔唐〕孔穎達疏、〔清〕阮元等校勘：《周易注疏》卷三，頁72。

注》卷九，291。《周官析疑》卷三十三，頁 339。）

爲《左傳》襄公十年。〔註155〕以《左傳》襄公十年，王叔事解說〈秋官・鄉士〉。而方苞以本經解本經與他以他經解本經，通常也不只是單獨存在，也會一起運用以解經。如〈地官・旅師〉：「旅師掌聚野之耡粟、屋粟、間粟而用之。」

> 古者以政成民，建設長利，不僅恃上之賑恤也。《易》曰：「君子以勞民勸相。」《春秋傳》曰：「務穡勸分。」蓋使民自相助，則所濟者博，故〈司徒〉職「五黨爲州，使之相賙。」〈司稼〉職「均萬民之食而賙其急。」〈遂人〉職「以興耡利甿」，皆使民自相助也。此經所謂耡粟，即所興以相助者。（《周官集注》卷四，頁 129。《周官析疑》卷十五，頁 154。）

以《周易》〈井卦・象傳〉：「君子以勞民勸相。」〔註156〕、《左傳》僖公二十一年：「務穡勸分。」，〔註157〕與《周禮》〈地官・大司徒〉：「五黨爲州，使之相賙。」、〈司稼〉：「均萬民之食而賙其急。」、〈遂人〉：「以興耡利甿」〔註158〕解說〈地官・旅師〉。

而至於以他經解本經，因古人有一普遍的觀念，諸經皆經聖人之手，其

〔註155〕 可參考〔周〕左丘明傳、〔晉〕杜預注、〔唐〕孔穎達疏、〔清〕阮元等校勘：《春秋左傳注疏》，卷三十一，頁 542～543 說：「王叔陳生與伯輿爭政，王右伯輿。王叔陳生怒而出奔。及河，王復之，殺史狡以說焉。不入，遂處之。晉侯使士丐平王室，王叔與伯輿訟焉。王叔之宰與伯輿之大夫瑕禽坐獄於王庭，士丐聽之。王叔之宰曰：「筆門閨竇之人而皆陵其上，其難爲上矣。」瑕禽曰：「昔平王東遷，吾七姓從王，牲用備具，王賴之，而賜之騂旄之盟，曰：『世世無失職。』若筆門閨竇，其能來東厎乎？且王何賴焉？今自王叔之相也，政以賄成，而刑放於寵。官之師旅，不勝其富，吾能無筆門閨竇乎？唯大國圖之！下而無直，則何謂正矣？」范宣子曰：「天子所右，寡君亦右之；所左，亦左之。」使王叔氏與伯輿合要，王叔氏不能舉其契。王叔奔晉。不書，不告也。單靖公爲卿士以相王室。」

〔註156〕 〔魏〕王弼注，〔晉〕韓康伯注、〔唐〕孔穎達疏、〔清〕阮元等校勘：《周易注疏》卷五，頁 110 說：「〈象〉曰：木上有水，井：君子以勞民勸相。」

〔註157〕 〔周〕左丘明傳、〔晉〕杜預注、〔唐〕孔穎達疏、〔清〕阮元等校勘：《春秋左傳注疏》卷十四，頁 241～242 說：「夏，大旱。公欲焚巫、尫。臧文仲曰：『非旱備也。修城郭，貶食省用，務穡勸分，此其務也。巫、尫何爲？天欲殺之，則如勿生；若能爲旱，焚之滋甚。』公從之。是歲也，饑而不害。」

〔註158〕 〔漢〕鄭玄注、〔唐〕賈公彥疏、〔清〕阮元等校勘：《周禮注疏》卷十，〈地官・大司徒〉，頁 159。卷十六，〈地官・司稼〉，頁 254。卷十五，〈地官・遂人〉，頁 233。

爲一體，故其意義相通，而可以互相取證與解釋，方苞也不例外的運用此方法。如其經與他經之間，有聯繫關係，而其性質較單純，還有其事證大抵相同而不違背的話，引以爲取證與解釋，則可被接受。然而以現今的標準來論，因爲經與經之間關係複雜，諸如其作者、時代諸問題，已不能將其籠統的當作皆爲一體，而強不同以爲同。因此，以他經解本經是否完全適用，有可商権的空間。〔註 159〕

（三）其他典籍

而方苞也有引用十三經以外其他典籍，如《韓詩外傳》、《大戴禮記》。還有經部以外，包括子、史、集部皆有，大致有如：《國語》、《管子》、《荀子》、屈原《楚辭》、《韓非子》、《通典》、《集韻》、《陰符經》、《史記》、《漢書》、韓愈文、歐陽修詩等。如《周官集注》〈秋官·柞氏〉：「柞氏掌覆夭鳥之巢，以方書十日之號，十有二辰之號，十有二月之號，十有二歲之號，二十有八星之號，縣其巢上，則去之。」

> 歐陽永叔〈鬼車〉詩言：其血污人家，其家必破。（卷十，頁 309。）
> 〔註 160〕

又如《考工記析疑》：「橘踰淮而北爲枳，鴝鵒不踰濟，貉踰汶則死，此地氣然也。鄭之刀，宋之斤，魯之削，吳粵之劍，遷乎其地而弗能爲良，地氣然也。」

> 《陰符經》曰：「禽之制在氣」是已。（卷一，頁 382。）〔註 161〕

方苞解經，除了引用經書，以經解經，其也引用經書之外的其他典籍。其取向皆爲以其爲取證，以解釋經義。而其以經解經的方式爲多，故以以經解經爲主作探討，而附論其他典籍於此。

二、貫通全經

方苞研治《周禮》，主貫通全經，因其認爲：

〔註 159〕可參考鄭吉雄〈乾嘉治經方法中的思想史線索——以王念孫《讀書雜志》爲例〉，林師慶彰、張壽安主編：《乾嘉學者的義理學》，頁 483，頁 491。

〔註 160〕可參考〔宋〕歐陽修撰，李逸安點校：《歐陽修全集》（北京：中華書局，2001 年 3 月），《居士集》，卷九，〈鬼車〉，頁 137～138。頁 138：「有時餘血下點污，所遭之家家必破。」

〔註 161〕可參考題黃帝撰，李申譯注：《陰符經全譯》（成都：巴蜀書社，1992 年 9 月），下篇，頁 826。

凡義理必載於文字，惟《春秋》、《周官》，則文字所不載，而義理寓
焉。蓋二書乃聖人一心所營度，故其條理精密如此也。嘗考諸職所
列，有彼此互見，而偏載其一端者，有一事而每職必詳者，有舉其
大以該細者，有即其細以見大者，有事同辭同而而倒其文者，始視
之若樊然淆亂，而空曲交會之中義理寓焉。〔註162〕

又說：

其設官分職之精意，半寓於空曲交會之中，而爲文字所不載。迫而
求之，誠有茫然不見其端緒者，及久而相說以解，然後知其首尾皆
備而脈絡自相灌輸，故歎其徧布而周密也。〔註163〕

《周禮》條理精密周貫，彼此脈絡相關，而義理即在錯綜的「空曲交會之中。」
而方苞對此也屢次提到，如《周官析疑》〈天官・大宰〉：「二曰教典，以安邦
國，以教官府，以擾萬民。」

昔程子言《春秋》之文，一字易則義必異，治《周官》者，亦必以
此求之。（卷二，頁 12。）

〈天官・大宰〉：「三曰虞衡，作山澤之材。」

一言而盡萬物之理，是謂聖人之文。（卷二，頁 15。）

〈地官・鄉師〉：「以旗物辨鄉邑。」

朱子謂《周官》之文，盛水不漏。（卷十，頁 104。）

〈天官・玉府〉：「凡王之獻金玉、兵器、文織、良貨賄之物，受而藏之。」

凡此類徧考五官，比類以求其事理之實，然後端緒可見。（卷六，頁
58。）

〈秋官・朝大夫〉序官：

《傳》曰：「盡小者大。」治《周官》者，當於此類求之。（卷三十
一，頁 323。）

而〈天官・凌人〉：「祭祀，共冰鑑。賓客，共冰。大喪，共夷槃冰。」

〔……〕此必通按全經而後義可明，不獨共冰一事也。六官之事，
莫重於祭祀、賓客、軍旅、田役、喪荒，而不別其大小者，通辭也。
詳考五官，舉大而不言小者，十居八九，蓋七事所統會，具見於諸
官，故文雖略而不患其無稽也。〔……〕文雖畧於小，而事無不該，

〔註162〕〔清〕方苞撰，劉季高點校：《方苞集》卷四，〈《周官析疑》序〉，頁 82。
〔註163〕同前註，卷四，〈《周官集注》序〉，頁 83。

義無不晰。朱子謂《周官》徧布周密，當於此類求之。（卷五，頁
48～49。）

方苞以治《周禮》「必通按全經」，而後其義可知。「詳考五官，舉大而不言小
者，十居八九。」故其文字雖略「而不患其無稽」。「文雖畧於小」，而其事無
不該備，義無不清晰。而〈夏官‧大司馬〉：「大祭祀、饗食，羞牲魚，授其
祭。」

〔……〕不知各舉一節以互相備，《周官》通例也。（卷二十七，頁
277。）

而關於文字的安排詳略方面，方苞認為《周禮》文字不在詳於繁文，而是通
過文字詳簡的安排，「文雖畧於小，而事無不該，義無不晰。」、「各舉一節以
互相備」等，而能將義理蘊含備盡，顯示無遺。而方苞〈又書貨殖傳後〉說：

《春秋》之制義法，自太史公發之，而後深之於文者亦具焉。義
即《易》之所謂「言有物」也，法則《易》之所謂「言有序」也。
義以為經而法緯之，然後為成體之文。〔註164〕

方苞提出「義法」，認為義為「言有物」，法為「言有序」。而「義以為經而法
緯之，然後為成體之文。」〔註165〕方苞〈書五代史安重晦傳後〉：

記事之文，惟《左傳》、《史記》各有義法，一篇之中，脈相灌輸，
而不可增損。然其前後相應，或隱或顯，或偏或全，變化隨宜，不
主一道。〔……〕夫法之變，蓋其義有不得不然者。〔註166〕

文章「脈相灌輸」，而內容不可增損。然而其「前後相應，或隱或顯，或偏或
全，變化隨宜，不主一道。」而法之變，因為其義有不得不然者。而方苞也
認為文未有繁而能工者，方苞〈與程若韓書〉說：

夫文未有繁而能工者，如煎金錫，麤礦去，然後黑澤之氣竭而光潤
生。〔註167〕

〔註164〕同前註，卷二，頁 58。
〔註165〕可參考張高評〈方苞義法與《春秋》書法〉，中央研究院中國文哲研究所籌備
處編：《清代經學國際研討會論文集》，頁 215～246，臺北：中央研究院中國
文哲研究所籌備處，1994 年 6 月。張高評認為方苞的義法說形成的緣由，有
史學師友的觸發，史法、文法之傳承，《春秋》義例之研治，《周官》儀法之
啟迪，受激於經史研習之時風世尚。可詳參〈方苞義法與《春秋》書法〉，頁
219～232。
〔註166〕〔清〕方苞撰，劉季高點校：《方苞集》卷二，頁 64。
〔註167〕同前註，卷六，頁 181。

用繁複的文字不一定能意義詳盡，而最好的是用簡略的文字，即能使意義詳細的表達，就如金錫之精華。方苞〈書《周官‧大司馬》四時田法後〉說：

> 聖人之政，盡萬物之理而不過者，不惟其大，惟其細。聖人之文，盡萬物之情而無遺者，不以其詳，以其略。周公五官之典皆然，而〈大司馬〉四時田法，尤其顯著者也。〔……〕田法、戰法，冬詳其目而春舉其綱：仲冬大閱，「司馬建旗於後表之中」至「不用命者斬之」，即春蒐「以旗致民，平列陳，如戰之陳」也。「中軍以鼙令鼓」至「鳴鐃且卻，坐作如初」，即春蒐所「教坐作、進退、疾徐、疏數之節」也。「以旌爲左右和之門」至「車徒皆譟」，即春蒐「表貉，誓民，鼓，遂圍禁」也。「前期修戰法」，四時所同，而於冬乃出之，則三時專辨其一，而大閱備舉其全具見矣。使以晚周、秦、漢人籍之，則倍其文尚不足以詳其事，經則略舉互備，括盡而無遺，是之謂聖人之文也。〔註168〕

聖人的政治，「盡萬物之理而不過者」，不惟其廣大，而惟其精細。聖人的文字，「盡萬物之情而無遺者」，不以其詳繁，以其簡略。而〈春官‧司常〉：「皆畫其象焉，官府各象其事，州里各象其名，家各象其號。」

> 古文簡奧多如此。（《周官集注》卷六，頁217。）

〈天官‧閽人〉：「掌守王宮之中門之禁。」〔註169〕

> 古文簡核多如此。（《周官析疑》卷七，頁67。）

〈夏官‧大僕〉：「王眡朝，則前正位而退。」

> 經文辭簡而義明類如此。（《周官析疑》卷二十九，頁297。）

〈秋官‧司儀〉：「凡諸伯子男之臣，以其國之爵相爲客而相禮，其儀亦如之。」〔註170〕

〔註168〕同前註，卷一，頁22～23。〔清〕方苞撰：《周官析疑》卷二十七，〈夏官‧大司馬〉，頁276：「戰法、田法」至「而大閱備舉其全具見矣」，與〈書《周官‧大司馬》四時田法後〉同。

〔註169〕〔清〕方苞撰：《周官析疑》「掌守王宮之中門之禁」後多「令」字。《周官集注》作「掌守王宮之中門之禁。」可參考〔漢〕鄭玄注、〔唐〕賈公彥疏、〔清〕阮元等校勘：《周禮注疏》卷七，〈天官‧閽人〉，「掌守王宮之中門之禁」，頁114。

〔註170〕〔清〕方苞撰：《周官析疑》作「凡侯伯子男之臣」，《周官集注》（卷十，頁321）同。可參考〔漢〕鄭玄注、〔唐〕賈公彥疏、〔清〕阮元等校勘：《周禮注疏》卷三十八，「凡諸伯子男之臣，以其國之爵相爲客而相禮，其儀亦如之」，頁580。

經文之簡嚴而精密如此。（《周官析疑》卷二十九，頁 371。）
不論「簡奧」、「簡核」、「辭簡」、「簡嚴」皆強調「簡」。〔註171〕

　　而以下則略為分類舉例，雖不能盡為該備，然可藉此知其一端。

（一）舉下以該上

舉下以該上，於《周禮》中較多。

1、〈天官・大宰〉：「祀五帝，則掌百官之誓戒與其具修。」

　　冢宰、司徒所涖祀事，皆首五帝者，四時迎氣之祭且涖，則昊天上
　　帝，不必言矣。知然者，〈宗伯〉「以吉禮事邦國之鬼神示」，首曰：
　　「以禋祀祀昊天上帝。」〈小宗伯〉「兆五帝于四郊。」〈司服〉職「祀
　　昊天上帝則服大裘而冕，祀五帝亦如之。」參伍其文，則其義顯然
　　矣。〈司士〉職，孤卿特揖，而不言三公，與此經不言昊天上帝義同。
　　（《周官集注》卷一，頁 18。《周官析疑》卷三，頁 21。）

舉五帝，「則昊天上帝，不必言矣。」此為舉下以該上。

2、〈天官・屨人〉：「辨外內命夫命婦之命屨、功屨、散屨。」

　　自大夫以上有命焉，獨言命屨者，舉下以包上也。（《周官集注》卷
　　二，頁 69。）

「自大夫以上有命焉」，舉命屨，為舉下以該上。

3、〈夏官・司士〉：「孤卿特揖，大夫以其等旅揖，士旁三揖，王還揖
　　門左，揖門右。大僕前。」

　　特揖，每人而揖之也。不言三公，不必言也。（《周官集注》卷七，
　　頁 245。）

舉孤卿，「不言三公，不必言也。」此為舉下以該上。

4、〈考工記・玉人〉：「案十有二寸，棗、栗十有二列，諸侯純九，大
　　夫純五，夫人以勞諸侯。」

　　案，以玉飾案也。十有二寸，高廣之數也。棗、栗十有二列，總該
　　果實之數。每列用一案，非一案之上具十二列，亦非十二案皆列棗、
　　栗也。純，皆也。夫人，諸侯之夫人，舉下以該上也。曰后以勞諸
　　侯，則似夫人之禮異，舉夫人則后可知矣。知后無異禮者，上物不

〔註171〕可參考王基倫〈「《春秋》筆法」的詮釋與接受〉，頁 1～11，「經典與文化的
　　　形成」第十次讀書會，中央研究院中國文哲研究所，2004 年 9 月 13 日。

過十二，無以加也。王合諸侯具十有二牢，諸侯之長十有再獻。蓋二王之後，不敢以臣禮待也。凡勞以賓客之爵命爲等，故諸侯之相勞，其數同于王。夫人之勞諸侯，其數同于后，三夫人之勞諸侯亦然。（《周官集注》卷十二，頁 362。）〔註172〕

舉諸侯之夫人，爲舉下以該上。而如果說：「后以勞諸侯」，則似乎夫人之禮有不同，「舉夫人則后可知矣。」

（二）舉上以該下

舉上以該下，於《周禮》中較少。

1、〈天官‧凌人〉：「大喪，共夷槃冰。」

夷之言尸也。實冰于夷槃，置尸牀下，所以寒尸。大喪，王及后世子也。獨言共大喪之冰者，賓食皆用冰，則宮中之小喪共冰，不必言矣。頒冰反國之老疾，則卿大夫士之喪浴不必言矣。經于他事，多舉下以該上。以舉上則疑于下之不得用也。此獨舉上以該下，不疑也。不曰凡喪共氷者，曰凡喪共冰，不知大喪之用夷槃也。曰大喪共夷槃冰，則凡喪共冰而不用夷槃具見矣。《春秋傳》：命夫命婦喪浴用冰，及孟獻子所稱，皆侯國之制也。天子之士比侯國卿大夫得用冰可知。（《周官集注》卷二，頁 43～44。）

《周禮》其他地方多舉下以該上，因其舉上則懷疑於下不得用，而此舉上以該下，爲不會懷疑下不得用。王大喪，供夷槃冰。則王以下，喪用冰，而不用夷槃。

2、〈春官‧司服〉：「大喪，共其復衣服、斂衣服、奠衣服、廞衣服，皆掌其陳序。」

《周官》之文，多舉下以該上。惟喪浴之冰及復、斂、奠、廞之服，獨舉上以該下者，不疑于小喪之不共也。（《周官集注》卷五，頁 172。）

《周禮》多舉下以該上。「惟喪浴之冰及復、斂、奠、廞之服，獨舉上以該下者」，因其不會懷疑小喪不供用冰與復、斂、奠、廞之衣服。

〔註172〕〔清〕方苞撰：《考工記析疑》卷三，〈玉人〉，頁 402～403 說：「舉下以見上也。后以勞諸侯，則似夫人之禮異，舉夫人則后可知矣。知后無異禮者，上物不過十二，無以加也。王合諸侯具十有二牢，諸侯之長十有再獻。蓋二王之後，不敢以臣禮待也。凡勞以賓客之爵命爲等，故諸侯之相勞，其數同於王。夫人之勞諸侯，其數同於后，三夫人之勞諸侯亦然。」

3、〈考工記・玉人〉：「天子圭中必。」

必讀如鹿車縪之縪，謂以組約其中央也。《聘禮・記》：五等諸侯及聘
使所執圭璋皆有繅藉及絢組，絢組所以約圭中央以備失墜。若然，圭
之中必尊卑皆有此。獨言天子，舉上以明下也。蓋羣下皆執圭以將事，
而天子端拱于上。舉諸侯以下，則疑于天子之不必然。天子且用縪，
則執以將事者，不必言矣。（《周官集注》卷十二，頁172。）〔註173〕

必為縪，為約圭中央以防備其墜落的組繩。舉天子，為舉上以該下。舉諸侯
以下，則懷疑天子不必然用縪，舉天子則其以下皆用縪。

（三）舉外以該內（舉遠以該近）

1、〈天官・小宰〉：「掌邦之六典、八灋、八則之貳，以逆邦國、都鄙、
官府之治。執邦之九貢、九賦、九式之貳，以均財節邦用。」

〈太宰〉職，賦先于貢者，論敷政之次第，則由內而達外也。此貢
先于賦者，綜財用之大凡，則舉遠以及近也。（《周官集注》卷一，
頁21。《周官析疑》卷三，頁24。《周官析疑》「于」作「於」。「敷
政」作「政教」。無「則」字。）

〈大宰〉「賦先于貢者」，為「論敷政之次第」，為「由內而達外」。而〈小宰〉
「貢先于賦者」，為「綜財用之大凡」，為「舉遠以及近」。

2、〈天官・宰夫〉：「掌治灋以考百官府、羣都縣鄙之治，乘其財用之
出入。凡失財用、物辟名者，以官刑詔冢宰而誅之。其足用、長財、
善物者，賞之。」

羣都，眾采邑也。六遂，五百家為鄙，五鄙為縣，不及六鄉者，舉
外以包內也。乘猶計也。失所藏之財賄，謂之失財。非所宜用而用
之，謂之失用。所失之物，非貨賄，謂之失物。辟名，謂詐為文書，
以自隱避也。足用，所用無乏。長財，所藏有餘。善物，物無虧損。
（《周官集注》卷一，頁26。）

舉「羣都縣鄙」，不舉「六鄉」，為舉外以該內。

3、〈天官・宰夫〉：「頒祀于邦國、都家、鄉邑。」

頒其所當祀及其禮。鄉邑，公邑也。鄉邑之祀，如社榮酺之類。先

〔註173〕同前註，頁401說：「羣公皆執玉以將事，而天子端拱於上。舉諸侯以下，則
疑天子不必然。天子用縪，則執以將事者，不必言矣。」

邦國，次都家，次鄉邑，舉外以及內也。（《周官集注》卷五，頁 154。）
先舉邦國，次都家，次鄉邑，爲舉外以該內。

（四）文字的安排

方苞對文字的安排，認爲要詳略得當，而聖人之文簡略而事義全該備於其中。〈春官・笙師〉：「大旅，則陳之。」

〔……〕以是知聖人作經文不虛設而事畢該。（《周官析疑》卷二十
二，頁 230。）

而其也用簡略的標準衡量經文，〈春官・笙師〉：「大喪，廞其樂器；及喪，奉而藏之。」

惟〈笙師〉、〈鎛師〉、〈籥師〉、〈司干〉職，有奉藏葬器之文。蓋〈笙
師〉所掌竹匏土木之音備矣；〈鎛師〉掌金奏之鼓，金革之音備矣；
籥師所掌文舞之器備矣；〈司干〉所掌武舞之器備矣。絲石宜〈磬師〉
奉藏，蓋簡之殘或傳寫遺失也。然〈大司樂〉：「大喪，泪廞樂器。」
〈樂師〉：凡喪，陳樂器，而〈眡瞭〉廞之，則無二音之器獨缺之遺
矣。〈眡瞭〉職無奉而藏之之文者，眡瞭卑賤，爲諸官廞之，而奉則
非其事也。賈《疏》乃云：文不具，誤矣。果爾，則諸職奉藏之文
宜盡削，獨於〈眡瞭〉職：「廞樂器」下增「及葬，奉而藏之」，豈
不辭約而義明，乃詳其所不必詳，畧其所不可畧，以蓄疑端，經文
不宜雜亂無章至此。（《周官析疑》卷二十二，頁 229～230。）

通過〈笙師〉等官職，樂器「及喪，奉而藏之」文字的比較，認爲〈磬師〉「蓋
簡之殘或傳寫遺失也。」因其「乃詳其所不必詳，畧其所不可畧，以蓄疑端」，
而經文不應該「雜亂無章至此。」

而方苞認爲《周禮》對官職中文字的安排，略爲舉例於下，如：

1、〈天官・九嬪〉：「掌婦學之灋，以教九御婦德、婦言、婦容、婦功，各帥其屬而以時御敘于王所。」

王齊喪及大荒、大札、天地有裁、邦有大故，皆出次，故曰：「以時
御敘」，明非其時則不御也；曰：「以時御」，則無以著其敘之常；曰：
「以敘御」，則無以著其時之可；曰：「以時敘御」，又似以當夕先後
之期言，必如是以立文，而義乃備。（《周官析疑》卷七，頁 69。）

「王齊喪及大荒、大札、天地有裁、邦有大故」等特殊時候，「皆出次」於外。

方苞認為〈天官・九嬪〉的「以時御敘」，為「非其時則不御」；如果說：「以時御」，則不能顯示其通常的次敘。如果說：「以敘御」，則不能顯示其可以的時候；如果說：「以時敘御」，又似乎以當夕先後之日期言，必要以「以時御敘」的文字來敘述，而其意義才能完備。

2、〈春官・大宗伯〉：「侯執信圭，伯執躬圭。」

> 經文多互見，侯、伯同七命，信、躬相對，上曰：「信」，則躬為微曲可知矣；下曰：「躬」，則信亦象人可知矣。雖不改字，義本可通。
> (《周官析疑》卷十七，頁182。)〔註174〕

方苞《周官析疑》認為「經文多互見」，信圭、躬圭，信與躬相對，上為信，則可知躬為微曲；下為「躬」，則可知信亦象人。雖然不改字，而意義本可通。

3、〈春官・小宗伯〉：「凡天地之大烖，類社稷宗廟，則為位。」

> 無祭天之文者，與篇首所謂四類，互相備也。因天地之烖而類及社稷宗廟，則四郊、四望之類，不必言矣。(《周官集注》卷五，頁158。
> 《周官析疑》卷十八，頁189。)

方苞認為〈春官・小宗伯〉的「凡天地之大烖，類社稷宗廟，則為位。」沒有「祭天之文」，與〈小宗伯〉篇首的「小宗伯之職，掌建國之神位，右社稷，左宗廟。兆五帝于四郊，四望、四類，亦如之」〔註175〕的「四類」互相備。因天地之災而類社稷宗廟，「則四郊、四望之類，不必言矣。」

4、〈夏官・大司馬〉：「中軍以鼙令鼓，鼓人皆三鼓，羣司馬振鐸，車徒皆作。遂鼓行，徒銜枚而進。大獸公之，小禽私之，獲者取左耳。」

> 上經曰：「司馬振鐸」，此曰：「羣司馬」，何也？教戰列陳，三三而居一偏，用鐸通鼓，以次相傳，彼振則此止，故第言振鐸者為兩司

〔註174〕 錢玄、錢興奇編著：《三禮辭典》（南京：江蘇古籍出版社，1998年3月第1版第2次印刷），〔信圭〕，頁527說：「侯所執之圭，為天子所命，故屬命圭。長七寸，上左右各削半寸。圭刻人形，畫文較躬圭繁細。信圭亦稱身圭。」
〔漢〕鄭玄注、〔唐〕賈公彥疏、〔清〕阮元等校勘：《周禮注疏》卷十八，頁280，鄭玄《注》：「信當為身，聲之誤也。身圭、躬圭蓋皆象以人形為瑑飾，文有麤縟耳。欲其慎行以保身。圭皆長七寸。」鄭玄《注》認為信當為身，為聲之誤。信圭應為身圭。《周官集注》卷五，〈春官・大宗伯〉，頁152說：「信當為身。」應是依鄭玄《注》。而《周官析疑》則認為信也象人，不用改字，而意義可通。
〔註175〕〔漢〕鄭玄注、〔唐〕賈公彥疏、〔清〕阮元等校勘：《周禮注疏》卷十九，〈春官・小宗伯〉，頁290。

馬，義已盡矣。此則併六軍而趨圍禁，眾鐸齊鳴，非加「羣」字，
不足以顯此義也。（《周官析疑》卷二十七，頁 275。）

上面經文說：「中軍以鼙令鼓，鼓人皆三鼓，司馬振鐸，群吏作旗，車徒皆
作。鼓行，鳴鐲，車徒皆行，及表乃止。三鼓，擽鐸，群吏弊旗，車徒皆坐。」
〔註176〕為「司馬振鐸」，而此處說：「羣司馬振鐸」，此是為何？「教戰列陳」，
六軍「三三而居一偏」，〔註 177〕「用鐸通鼓，以次相傳，彼振則此止」，故
只要言振鐸者為兩司馬，〔註 178〕「義已盡矣。」而此則是合併六軍而趨田
獵圍禁，眾鐸聲一齊鳴，而不加上「羣」字，「不足以顯此義也。」

5、〈春官・雞人〉：「凡國事為期，則告之時。」

　　不曰：「告之日」，而曰：「告之時」者，用事有早暮，如春朝朝日，
　　秋暮夕月之類。（《周官集注》卷五，頁 162。《周官析疑》卷十九，
　　頁 196。）

方苞認為〈春官・雞人〉的「凡國事為期，則告之時。」不說：「告之日」，
而說：「告之時」者，為「用事有早暮」，「如春朝朝日，秋暮夕月之類」祭日、
月的時有早暮。〔註 179〕

6、〈春官・內史〉：「凡四方之事書，內史讀之。」

　　不曰：「讀四方之事書」，而曰：「凡四方之事書，內史讀之」者：曰：
　　「讀四方之事書」，似內史自讀之；曰：「凡四方之事書，內史讀之」，
　　則知內史之讀，為王之聽之矣。（《周官集注》卷六，頁 210。《周官

〔註 176〕同前註，卷二十九，〈夏官・大司馬〉，頁 446。
〔註 177〕同前註，鄭玄注說：「天子六軍，三三而居一偏。」
〔註 178〕同前註，頁 442 說：「中春教振旅，司馬以旗致民，平列陳，如戰之陳。辨鼓
　　　　鐸鐲鐃之用。王執路鼓，諸侯執賁鼓，軍將執晉鼓，師帥執提，旅帥執鼙，
　　　　卒長執鐃，兩司馬執鐸，公司馬執鐲，以教坐作、進退、疾徐、疏數之節。
　　　　遂以蒐田，有司表貉，誓民：鼓，遂圍禁：火弊，獻禽以祭社。」兩司馬，
　　　　同前註，卷二十八，〈夏官・司馬第四〉，頁 429 說：「凡制軍，萬有二千五百
　　　　人為軍。王六軍，大國三軍，次國二軍，小國一軍。軍將皆命卿。二千有五
　　　　百人為師，師帥皆中大夫。五百人為旅，旅帥皆下大夫。百人為卒，卒長皆
　　　　上士。二十五人為兩，兩司馬皆中士。五人伍，伍皆有長。一軍則二府、六
　　　　史、胥十人、徒百人。」錢玄、錢興奇編著：《三禮辭典》，〔兩司馬〕，頁 445
　　　　說：「職官名。軍制：二十五人為兩，兩司馬，為二十五人之長。中士。」
〔註 179〕詳參錢玄、錢興奇編著：《三禮辭典》，〔朝日〕，頁 821 說：「天子于每年春分
　　　　祭日，謂之朝日；秋分祭月，謂之夕月。」〔夕月〕，頁 79 說：「天子於每年
　　　　秋分祭月，謂之夕月。與春分朝日相對。」

析疑》卷二十四，頁 249。）

方苞認為〈春官‧內史〉的「凡四方之事書，內史讀之。」不說：「讀四方之事書」，而說：「凡四方之事書，內史讀之」者；說：「讀四方之事書」，似乎內史自己讀；說：「凡四方之事書，內史讀之」，則知道「內史之讀，為王之聽之矣。」

7、〈秋官‧行夫〉：「**行夫掌邦國傳遽之小事、媺惡而無禮者。凡其使也，必以旌節。雖道有難而不時，必達。**」

　　不曰：「吉凶」，而曰：「美惡」者，如王小有問勞，雖美而不得謂之吉；小有詰讓，雖惡而不得謂之凶也。（《周官集注》卷十，頁 322。《周官析疑》卷三十六，頁 371。《周官析疑》「美」作「媺」）〔註180〕

方苞認為〈秋官‧行夫〉，不說：「吉凶」，而說：「美惡」者，「如王小有問勞」，雖然美但不得稱為吉；「小有詰讓」，雖然惡但不得稱為凶。

8、〈秋官‧行夫〉：「**居於其國，則掌行人之勞辱事焉，使則介之。**」

　　不先言介者，文當然也。如曰：「行人使則介之，居于其國，掌行人之勞辱事」，則贅矣。（《周官集注》卷十，頁 322。）

方苞認為〈秋官‧行夫〉不先說介者，為「文當然也。」如果說：「行人使則介之，居于其國，掌行人之勞辱事」，則嫌文贅。

　　而《周禮》官職間文字的安排，如〈春官‧司尊彝〉：「春祠、夏禴，祼用雞彝、鳥彝，皆有舟。其朝踐用兩獻尊，其再獻用兩象尊，皆有罍。諸臣之所昨也。秋嘗、冬烝，祼用斝彝、黃彝，皆有舟。其朝獻用兩著尊，其饋獻用兩壺尊，皆有罍。諸臣之所昨也。凡四時之間祀、追享、朝享，祼用虎彝、蜼彝，皆有舟。其朝踐用兩大尊，其再獻用兩山尊，皆有罍。諸臣之所昨也。」

　　敦與《周官》每同事而異詞，所以互發其義也。（《周官集注》卷五，頁 163～164。）〔註181〕

〈春官‧肆師〉：「禁外內命男女之衰不中濾者，且授之杖。」

　　經有同辭而異所指者，以事本各異，無庸別白也。（《周官析疑》卷十八，頁 191。）

〔註180〕〔清〕方苞撰《周官析疑》其後多「蓋但以言辭慶恤，而無禮幣者與？」
〔註181〕同前註，卷十九，〈春官‧司尊彝〉，頁 196，引方舟曰，作「《周官》每同事而異辭，以互發其義。」

而關於《周禮》官職間文字的安排，以下略爲舉例：

1、〈天官・冢宰第一〉：「惟王建國，辨方正位，體國經野，設官分職，以爲民極。」

> 〈洪範〉曰：「皇建其有極。」又曰：「惟時厥庶民于汝極。」元后作民君師，所以爲之極也。〈君奭篇〉：「乃悉命汝，作汝民極。」公卿師保萬民，所以爲之極也。全經之義，盡括於此，故六官之首並揭之，俾守典者識焉。辨方以正位，體國以經野，設官以分職，皆所以安民生，定民志，而使遵王之道，故曰：「以爲民極」也。（《周官析疑》卷一，頁5～6。）

「以爲民極」，《周禮》全經之意義，盡包括於此，故於六官之篇首並有揭示[註182]，「俾守典者識焉。」

2、〈春官・小宗伯〉：「大裁，及執事禱祠于上下神示。」

> 曰：「有司」者，專司其事者也。曰：「執事」者，非一官之屬。（《周官集注》卷五，頁157。《周官析疑》卷十八，頁188。）

「有司」者，爲專門司掌其事者。而「執事」者，則非一官之所屬。

3、〈春官・典命〉：「公之孤四命，以皮帛眂小國之君，其卿三命，其大夫再命，其士壹命，其宮室、車旗、衣服、禮儀各眂其命之數；侯伯之卿、大夫、士亦如之。子男之卿再命，其大夫壹命，其士不命，其宮室、車旗、衣服、禮儀各眂其命之數。」

> 《周官》公、孤不列職，而其名散見於他職。此曰：「公之孤」，則
> 知凡曰：「孤卿」者，乃王之三孤矣。

《周禮》公、孤不列官職，而其名稱散載於其他官職。此說：「公之孤」，則知道凡說：「孤卿」者，爲王之三孤。孤，爲三公之副，王之孤三人，位尊於卿。而孤卿也常連稱。[註183]

4、〈春官・大史〉：「小喪，賜謚。」

> 《周官》小喪皆主王宮言之。卿大夫之喪，〈小史〉賜謚讀誄，則此謂賜羣王子謚也。（《周官集注》卷六，頁207。）[註184]

[註182]　〈冬官・司空〉雖亡，不過以此推之，其篇首應也有此文字。

[註183]　錢玄、錢興奇編著：《三禮辭典》，〔孤〕，頁466。

[註184]　〔清〕方苞撰《周官析疑》卷二十四，〈春官・大史〉，頁246說：「小喪皆主王宮，以卿大夫之謚，掌賜者〈小史〉也。」

《周禮》小喪「皆主王宮言之。」〈春官·小史〉說：「卿大夫之喪，賜諡讀誄。」〔註185〕則此〈春官·大史〉的「小喪，賜諡」，為「賜羣王子諡」。

　　5、〈春官·外史〉：「掌書外令。」

　　　　命乃王所黜陟因革，政事之大者；令乃發徵期會禁，政事之小者。（《周官析疑》卷二十四，頁249。）

命為「王所黜陟因革」，為政事之大者；而令「發徵期會禁」，為政事之小者。

　　6、〈夏官·射人〉：「射人掌國之三公、孤、卿、大夫之位，三公北面，孤東面，卿、大夫西面。其摯：三公執璧，孤執皮帛，卿執羔，大夫雁。」

　　　　六摯已見〈宗伯〉職，復見此者，明因射而朝，則各有摯也。以射而朝則有摯，知日朝而聽事無摯也。不言諸侯之摯者，來朝已有幣獻，故射無摯。（《周官集注》卷七，頁241。）

六摯已載〈春官·大宗伯〉：「以禽作六摯，以等諸臣：孤執皮帛，卿執羔，大夫執雁，士執雉，庶人執鶩，工商執雞。」〔註186〕而再出現於〈夏官·射人〉，為「因射而朝，則各有摯」。因「以射而朝則有摯」，知道「日朝而聽事無摯」。不言諸侯之摯，因其「來朝已有幣獻，故射無摯。」

　　7、〈春官·大宗伯〉：「乃頒祀于邦國、都家、鄉邑。」

　　　　〈宗伯〉職獨無「正月之吉，始和布禮于邦國都鄙」云云者，治、教、政、刑隨時損益，禮則一定而不可易，無事（《周官析疑》作「庸」。）每歲和而布之也。禮不下庶人，閨門、鄉黨之禮，則夫人而習之矣。若郊廟、朝廷、邦國之禮，則當官者自肄之，無事縣于象魏，使萬民觀之也。（《周官集注》卷五，頁154。《周官析疑》卷十八，頁185。《周官析疑》「于」作「於」。）

〈春官·大宗伯〉職惟獨沒有「正月之吉，始和布禮于邦國都鄙云云者」的文字〔註187〕，因為治、教、政、刑為隨時損益，而禮則一定而不可變易，不

〔註185〕〔漢〕鄭玄注、〔唐〕賈公彥疏、〔清〕阮元等校勘：《周禮注疏》卷二十六，頁404。
〔註186〕同前註，卷十八，〈春官·大宗伯〉，頁280～281。
〔註187〕〔漢〕鄭玄注、〔唐〕賈公彥疏、〔清〕阮元等校勘：《周禮注疏》卷二，〈天官·大宰〉，頁33說：「正月之吉，始和布治于邦國都鄙。乃縣治象之灋于象魏，使萬民觀治象，挾日而斂之。」卷十，〈地官·大司徒〉，頁159說：「正月之吉，始和布教于邦國都鄙。乃縣教象之灋于象魏，使萬民觀教象，挾日

用「每歲和而布之也。」而「禮不下庶人，閨門、鄉黨之禮，則夫人而習之矣。」而「若郊廟、朝廷、邦國之禮，則當官者自肄之」，不用「縣于象魏，使萬民觀之也。」

8、〈夏官·諸子〉：「凡國之政事，國子存遊倅，使之修德學道，春合諸學，秋合諸射，以考其藝而進退之。」

　　《周官》掌士庶子之治教者不一，〈天官〉則〈宮正〉、〈宮伯〉也。地官則〈師氏〉〈保氏〉也。〈春官〉則〈大司樂〉、〈樂師〉、〈大胥〉、〈小胥〉也。〈夏官〉則〈諸子〉也、〈掌固〉也。其職之分，事之聯，各有義焉。〈宮正〉、〈宮伯〉所掌獨宿衛之士庶子也。〈師氏〉、〈保氏〉所掌王同姓及公卿之適子也。其職曰：「以教國子弟」，則王之同姓也。曰：「凡國之貴游子弟學焉」，則不能徧于大夫士之子明矣。〈大司樂〉、〈樂師〉、〈大胥〉、〈小胥〉則國子、國子之倅及國之選俊皆隸焉。其曰：「國子」者，公、卿、大夫、元士之適子也。其曰「學士」者，兼國之選俊也。其曰：「以待致諸子」者，致國子之學于師氏、保氏者及其倅也。〈諸子〉所掌獨國子之倅者，其適子或學于師氏、保氏，或入于成均也。諸子掌國子之倅，而國有大事，則帥國子而致于太子。有甲兵之事，則治以軍灋者，〈師氏〉、〈保氏〉、〈大司樂〉、〈樂師〉所掌者國子之教也，使帥而共祀事治甲兵則褻矣，故別以屬〈諸子〉也。〈師氏〉、〈保氏〉會同喪紀，王舉必從，而正國子服位，作國子以從，別屬〈諸子〉者，其職主于詔王美，諫王惡，則無暇及乎其餘矣。（《周官集注》卷七，頁247～248。《周官析疑》卷二十九，頁295。《周官析疑》「于」作「於」。「美」作「嫩」。）

方苞於《周禮》有關掌管士庶子之教的官職，加以詳細比較，並也與〈夏官·諸子〉比較。

　　由以上所舉諸例可大致得知，方苞以《周禮》周密精貫，彼此脈絡相關，故其主通貫全經解釋《周禮》，如上所舉舉下以該下、舉上以該下、舉外以該內（舉遠以該近）、文字的安排等，揭示《周禮》內在意義的聯繫。

而斂之。」卷二十九，〈夏官·大司馬〉，頁441說：「正月之吉，始和布政于邦國都鄙，乃縣政象之法于象魏，使萬民觀政象，挾日而斂之。」卷三十四，〈秋官·大司寇〉，頁518說：「正月之吉，始和布刑于邦國都鄙，乃縣刑象之法于象魏，使萬民觀刑象，挾日而斂之。」惟獨〈春官〉沒有此類文字。

三、義理解經

　　方苞解說《周禮》注重義理的闡發，略於瑣碎的名物訓詁考證。方苞〈《周官集注》序〉說：「故凡名物之纖悉推說之衍蔓者，概無取焉。」〔註188〕〈讀《儀禮》〉也說：「乃使戔戔於登降進反之儀，服物采色之辨，而相較於微乎之間，不亦末乎？」〔註189〕充分表示其以義理解經的取向。方苞〈《周官析疑》序〉說：

> 凡義理必載於文字，惟《春秋》、《周官》，則文字所不載，而義理寓焉。蓋二書乃聖人一心所營度，故其條理精密如此也。嘗考諸職所列，有彼此互見，而偏載其一端者，有一事而每職必詳者，有舉其大以該細者，有即其細以見大者，有事同辭同而而倒其文者，始視之若樊然淆亂，而空曲交會之中義理寓焉。〔註190〕

《周禮》「空曲交會之中，義理寓焉」，其條理精密。因此，方苞解說《周禮》則注重闡發其精密的義理。茲略為舉例如下：

1、〈天官・世婦〉序官：

> 古者內宮九御，自夫人、嬪婦以下，皆贊王后舉內治，以共祭祀賓客之事，以獻蠶桑種稑，織文組紃之功，以治王族嘉好合食，〈內宗〉三月之教，以備喪祭弔唁之禮，亦如庶司百職之不可缺也。羣儒乃力排〈昏義〉，並疑《周官》、〈曲禮〉，謂王宮嬪御，不宜若是之多。蓋以私意淺見，妄議聖人運用天理之書。不知苟王心無主，而以欲敗度，則惑溺專妬，即一二人，亦足以羸王躬而亂百度。果能正心、修身以齊其家，則九嬪、世婦、女御之備官，不過恪共內職，以廣世嗣而已。周公建官，自王宮嬪婦以及奄寺暱近之人，膳服瑣細之事，皆屬於冢宰。正以暱近則儇媚易生，瑣細則宴私易逞，故董之以師、保，務使禮度脩明，君心順正，小無所忽，大不可踰，乃正心、誠意之根源，興道致治之樞紐也。（《周官析疑》卷一，頁10。）

古代王的內宮，「自夫人、嬪婦以下，皆贊王后舉內治」，其如「以共祭祀賓客之事，以獻蠶桑種稑，織文組紃之功，以治王族嘉好合食，〈內宗〉三月之教，以備喪祭弔唁之禮」等諸事，「亦如庶司百職之不可缺也。」而群儒「力排〈昏

〔註188〕〔清〕方苞撰，劉季高點校：《方苞集》卷四，頁83。
〔註189〕同前註，卷一，頁23～24。
〔註190〕同前註，卷四，頁82。

義〉，並疑《周官》、〈曲禮〉」，〔註191〕認爲王宮嬪御，不應該如此多。方苞認爲「蓋以私意淺見，妄議聖人運用天理之書。」因爲如果「王心無主，而以欲敗度，則惑暱專妒」，即使王宮只有一二人，「亦足以羸王躬而亂百度。」而王「果能正心、修身以齊其家，則九嬪、世婦、女御之備官，不過恪共內職，以廣世嗣而已。」所以與內宮嬪妃多少無關，重要的是王的心正不正。而周公建官，「自王宮嬪婦以及奄寺暱近之人，膳服瑣細之事」，皆屬於冢宰掌管。此「正以暱近則偸媚易生，瑣細則宴私易逞」，故以師、保督導，務必使「禮度修明，君心順正，小無所忽，大不可踰」，而此爲正心、誠意的根源，興道致治的樞紐。

2、〈天官・內宰〉：「會內宮之財用。」

　　據〈膳夫〉、〈庖人〉、〈內饔〉職所共，獨王及后世子之飲食膳羞，
　　則夫人以下，皆各使女奚治之，故〈內宰〉會其財用，均其稍食。
　　蓋必如此，然後事不冗，而人皆得其節適。先王之政，所以即人之
　　心而無微不達也。（《周官集注》卷二，頁60。）

方苞根據〈膳夫〉、〈庖人〉、〈內饔〉等所供應，「獨王及后世子之飲食膳羞」，〔註192〕則是夫人以下，「皆各使女奚治之」，故〈內宰〉「會其財用，均其稍食。」〔註193〕因爲必要如此，然後事不冗雜，「而人皆得其節適。」而「先王之政，所以即人之心而無微不達也。」

3、〈秋官・脩閭氏〉：「脩閭氏掌比國中宿互樏者與其國粥，而比其追胥者而賞罰之。」

〔註191〕〔漢〕鄭玄注、〔唐〕孔穎達疏、〔清〕阮元等校勘：《禮記注疏》（臺北：藝文印書館，1997年8月初版第13刷，影印清嘉慶二十一年江西南昌府學刊《十三經注疏》本），卷六十一，〈昏義〉，頁1002說：「古者天子后立六宮、三夫人、九嬪、二十七世婦、八十一御妻，以聽天下之內治，以明章婦順；故天下內和而家理。」卷二，〈曲禮〉，頁80說：「天子有后，有夫人，有世婦，有嬪，有妻，有妾。」《周禮》有〈九嬪〉、〈世婦〉、〈女御〉等官職，可參考〔漢〕鄭玄注、〔唐〕賈公彥疏、〔清〕阮元等校勘：《周禮注疏》卷一，〈九嬪〉、〈世婦〉、〈女御〉序官，頁18。卷七，〈九嬪〉，頁116～117。卷八，〈世婦〉、〈女御〉，頁122。

〔註192〕〔漢〕鄭玄注、〔唐〕賈公彥疏、〔清〕阮元等校勘：《周禮注疏》卷四，〈天官・膳夫〉，頁57說：「膳夫掌王之食飲膳羞，以養王及后世子。」〈庖人〉，頁60說：「凡其死生鮮薧之物，以共王之膳與其薦羞之物及后世子之膳羞。」〈內饔〉，頁61：「內饔掌王及后世子膳羞之割亨煎和之事，辨體名肉物，辨百品味之物。」

〔註193〕可詳參同前註，卷七，〈天官・內宰〉，頁110～113。

　　凡吏士皆有常饎，而宿衛、守互、擊柝者，中夜巡徼，閔其勞，故
　　官行糜粥以食之。追胥者，則但比其事，行其賞罰而已。行夜者飯
　　之，則非時飲之以酒，則慮其號呶，使自爲粥則擾矣，故官行之。
　　先王之政所以即人之心而盡物之理也。（《周官集注》卷十，頁 307。）
「凡吏士皆有常饎」，而脩閭氏「宿衛、守互、擊柝者」，於半夜巡查，憐憫
其辛勞，故由官府準備糜粥給他們吃。而抵禦外侵，補盜賊的追胥，〔註194〕
「則但比其事，行其賞罰而已。」而行夜者如果給他飯吃，則非其時候給他
們飲酒，則憂慮其醉而號呼呶叫，而使其自準備粥則其事煩擾，故官府爲其
準備。此爲「先王之政所以即人之心而盡物之理也。」

　　方苞以義理解釋《周禮》，以其即人心、盡物之理，爲誠意、正心，興道
致治的根源，而無微不達。由個人身心到國家政治，皆以其爲標準。方苞也
說：「古人之教且學也，內以事其身心，而外以備天下國家之用，二者皆人道
之實也。」〔註195〕故朱軾〈《周官析疑》序〉說：

　　自是編出，而後大典精義，炳若日星，明經之功，顧不巨歟？觀是
　　編者，當知聖人盡其性以盡人物之性。六典之周浹，莫非天理之流
　　行，果能隨處體認，而近反之身心日用之間，於以禔躬淑性，求志
　　達道，皆於是乎有賴焉，豈徒信古傳述已哉！〔註196〕
朱軾所說：「自是編出，而後大典精義，炳若日星，明經之功，顧不巨歟？」
或有過譽之處。而其指出的「聖人盡其性以盡人物之性。六典之周浹，莫非
天理之流行，果能隨處體認，而近反之身心日用之間，於以禔躬淑性，求志
達道，皆於是乎有賴焉！」則正可說是方苞之意。

〔註194〕詳參錢玄、錢興奇編著：《三禮辭典》，〔追胥〕，頁 596 說：「軍隊。追謂抵禦
　　　　外侵之部隊；胥謂邦內之治安部隊。」
〔註195〕〔清〕方苞撰，徐天祥、陳蕾點校：《方望溪遺集》（合肥：黃山書社，1990
　　　　年 12 月），〈書牘類〉，〈與某書〉，頁 55。
〔註196〕〔清〕方苞撰：《周官析疑》，頁 4。

第六章　方苞的《周禮》辨僞方法

第一節　方苞《周禮》辨僞的進程

一、《周禮》眞僞與辨僞的轉移

　　方苞對《周禮》的辨僞，是有層次的轉移與推進的。方苞於康熙三十五年（1696），二十九歲時所作的〈讀《周官》〉，[註1] 著意於《周禮》本書的眞僞問題，以《周禮》爲周公所作，反對認爲《周禮》爲僞諸家的說法。〈讀《周官》〉說：

> 嗚呼！世儒之疑《周官》爲僞者，豈不甚蔽矣哉！《中庸》所謂盡人物之性，以贊天地之化育者，於是書具之矣。蓋惟公達於人事之始終，故所以教之、養之、任之、治之之道，無不盡也。惟公明於萬物之分數，故所以生之、取之、聚之、散之之道，無不盡也。運天下猶一身，視四海如奧阼，非聖人而能爲此乎？

> 然自漢何休、宋歐陽修、胡宏皆疑爲僞作。蓋休耳熟於新莽之亂，而修與宏近見夫熙寧之弊，故疑是書晚出，本非聖人之法，而不足以經世也。莽之事不足論矣，熙寧君臣所附會以爲新法者，察其本謀，蓋用爲富強之術，以視公之依乎天理以盡人物之性者，其根源

〔註1〕〔清〕方苞撰，劉季高點校：《方苞集》，附錄一，〔清〕蘇惇元編：《方苞年譜》，康熙三十五年丙子，年二十九歲，頁871。附錄二，〈文目編年〉，（康熙）丙子，頁893。

較然異矣。就其善者，莫如保甲之法；然田不井授，民無定居，而
責以相保相受，有罪奇邪相及，則已利害分半，而不拂於人情矣。
修與宏不能明辨安石所行，本非《周官》之法，而乃疑是書爲僞，
是猶懲覆顚而廢輿馬也。

是書之出，千七百年矣。假而戰國、秦、漢諸人能僞作，則〈冬官〉
之缺，後之文儒有能補之乎者？不惟一官之全，〈小司馬〉之缺，有
能依倣四官之意，以補之者乎？其所以不能補者，何也？則事之理
有未達，而物之分有未明也。

嗚呼！三王致治之迹，其規模可見者，獨有是書；世變雖殊，其經
綸天下之大體，卒不可易也。若修與宏者，皆世所稱顯學之儒，而
智不足以及此，尚安望爲治者篤信而見諸行事哉？必此之疑，則惟
安於苟道而已，此余所以尤痛疾乎後儒之浮說也。〔註2〕

方苞以《周禮》爲周公所作，爲周公的經國治世大典。只有像周公如此依乎
天理，盡人物之性的聖人，才能制作《周禮》。而三王致治之迹，規模獨具在
《周禮》；不論後代情況如何變化，「其經綸天下之大體，卒不可易也。」方
苞以《周禮》爲聖王致治之跡，當然的要反駁懷疑《周禮》，以爲《周禮》爲
僞作的何休（129～182）、歐陽修（1007～1072）、胡宏（1105～1161）等人。
方苞認爲何休等人懷疑《周禮》爲僞作的原因爲，「蓋休耳熟於新莽之亂，而
修與宏近見夫熙寧之弊，故疑是書晚出，本非聖人之法，而不足以經世也」，
但此爲方苞個人的推想，不必眞有其事，楊向奎〈方苞「望溪學案」〉以方苞
所言，實望風補影之談，並以歐陽修爲例，對此作了考辨，證方苞所言實無
其事。何休、胡宏的懷疑，「亦就書論書，非必有關時事」，〔註3〕不過此卻是
方苞發前人所未發的說法。〔註4〕方苞以王安石附會《周禮》的變法，只是富

〔註2〕 同前註，卷一，頁16～17。

〔註3〕 詳參楊向奎〈方苞「望溪學案」〉，楊向奎、冒懷辛等撰：《清儒學案新編》（第
3卷）（濟南：齊魯書社，1994年3月），頁34～35。此文，楊向奎先前題爲
〈論方苞的經學與理學〉，刊載於《孔子研究》1988年第3期（總第11期），
頁70～75，1988年9月。後經補苴修改，爲〈方苞「望溪學案」〉（頁29～40），
收入《清儒學案新編》。

〔註4〕 張舜徽《清人文集別錄》（北京：中華書局，1963年11月，1980年5月成都第
2次印刷），卷四，〈望溪先生文集〉，頁105～106說：「此二論皆發前人所未發，
亦爲後來治經者所不能道。」另一論爲《古文尚書》「因是疑古文易曉，必秦、
漢間儒者得其書，苦其奧澀，而稍以顯易之辭更之，其大體則固經之本文也」，

強之術，與周公「依乎天理以盡人物之性者，其根源較然異矣」，王安石所行根本不是《周禮》之法。歐陽修、胡宏以此而懷疑《周禮》為偽，「是猶懲覆顛而廢興馬也。」而《周禮》也不是後人能偽作的，假如戰國、秦、漢諸人能偽作，則《周禮》缺〈冬官〉，後代的文儒能補〈冬官〉嗎？還有〈夏官‧小司馬〉的缺文，有人可以模仿其他四官的文意來補上嗎？答案都是不能，為什麼？因為後代人，對周公制作的「事之理有未達，而物之分有未明也」，故不可能偽作《周禮》。對於如歐陽修、胡宏，「世所稱顯學之儒」，智識卻不及於此，方苞非常痛恨後儒這種懷疑《周禮》的「浮說」。

〈讀《周官》〉代表方苞早期對《周禮》的立場，而方苞對周公為《周禮》的作者，認為其內容為周公經綸天下之大體，是堅信不疑的，極為推崇《周禮》，是一直不變的。在其後如〈《周官集注》序〉說：

> 朱子既稱：「《周官》偏布周密，乃周公運用天理熟爛之書。」又謂：「頗有不見其端緒者。」學者疑焉，是殆非一時之言也。蓋公之「兼三王以施四事」者，具在是書。其於人事之始終，百物之聚散，思之至精，而不疑於所行，然後以禮、樂、兵、刑、食貨之政，散布六官，而聯為一體。〔……〕蓋是經之作，非若後世雜記制度之書也，其經緯萬端，以盡人物之性，乃周公夜以繼日，窮思而後得之者。學者必探其根源，知制可更而道不可易。〔註5〕

〈《周官析疑》序〉說：

> 《周官》一書，豈獨運量萬物，本末兼貫，非聖人不能作哉？即按其文辭，舍《易》、《春秋》、文、武、周、召以前之詩、書，無與之並者矣。蓋道不足者，其言必有枝葉，而是書指事命物，未嘗有一辭溢焉，常以一字二字，盡事物之理，而達其所難顯，非學士文人所能措注也。〔註6〕

〈《周官辨》序〉說：

> 凡人心之所同者，即天理也。然此理之在身心者，反之而皆同，至其伏藏於事物，則有聖人之所知，而賢者弗能見者矣。昔者周公思兼三王，以施四代之政。蓋有日夜以思而苦其難合者，以公之聖而得之如

詳〔清〕方苞撰，劉季高點校：《方苞集》卷一，〈讀古文尚書〉，頁1。
〔註5〕　〔清〕方苞撰，劉季高點校：《方苞集》，卷四，頁83。
〔註6〕　同前註，卷四，頁82。

此其艱，則宜非中智所及也。故周官晚出，群儒多疑其僞。至宋程、

張二子及朱子繼興，然後知是書非聖人不能作。蓋惟三子之心，幾乎

與公爲一，故能究知是書之精蘊，而得其運用天理之實也。〔註7〕

《周禮》內容徧布周密，爲周公運用天理熟爛之書，方苞用《孟子》「周公思兼三王，以施四事。其有不合者，仰而思之，夜以繼日；幸而得之，坐以待旦」〔註8〕之意，認爲是周公窮思所得者皆具備於書中，「人事之始終，百物之聚散，思之至精，而不疑於所行，然後以禮、樂、兵、刑、食貨之政」，散布於六官之中，而聯合爲一整體。《周禮》爲周公依乎天理人心，思慮完整，體系周密的著作。此時的方苞，錢穆說：

嘗考方氏三十五歲〔註9〕丙子作〈讀《周官》〉文，時方苞深信《周

官》乃三王致治之迹，其規模可見者獨有是書。世變雖殊，其經綸

天下之大體卒不可易。是時所見蓋與莽、歆同類。〔註10〕

方苞以《周禮》非周公不能作，爲「三王致治之迹」，而劉歆（50？B.C.～23）以《周禮》爲「周公致太平之迹，迹具在斯。」〔註11〕劉歆、方苞皆以《周禮》爲周公致太平之書，錢穆說方苞「是時所見蓋與莽、歆同類」，此實爲識者之言。而方苞的《周官集注》與〈讀周官〉立場相同，有關於反駁懷疑《周禮》爲僞的內容，而無提到劉歆增竄《周禮》的內容。《周官辨》與《周官析疑》則認爲《周禮》不僞，但是指出《周禮》內容經劉歆增竄。方苞〈《周官析疑》序〉說其：

余初爲是學，所見皆可疑者，及其久也，義理之得，恆出於所疑。

因錄示生徒，使知世之以《周官》爲僞者，豈獨於道無聞哉，即言

亦未之能辨焉耳。〔註12〕

〔註7〕 同前註，集外文，卷四，頁 599。

〔註8〕 〔漢〕趙岐注、題〔宋〕孫奭疏、〔清〕阮元等校勘：《孟子注疏》（臺北：藝文印書館，1997 年 8 月初版第 13 刷，影印清嘉慶二十一年江西南昌府學刊《十三經注疏》本），卷八上，〈離婁下〉，頁 146。

〔註9〕 方苞作〈讀《周官》〉文爲康熙三十五年丙子，時年二十九歲。錢氏此語不算全誤，但頗難理解。若原文如此，三十五歲丙子，應是指康熙三十五年丙子。

〔註10〕 錢穆撰：《劉向歆父子年譜》，《兩漢經學今古文平議》（臺北：東大圖書公司，1971 年 8 月，1983 年 9 月臺 3 版），頁 154～155。

〔註11〕 〔唐〕賈公彥〈序《周禮》廢興〉，〔漢〕鄭玄注、〔唐〕賈公彥疏、〔清〕阮元等校勘：《周禮注疏》，頁 7。

〔註12〕 〔清〕方苞撰，劉季高點校：《方苞集》卷四，頁 83。

而方苞對後人懷疑《周禮》之處，也具體提出辨駁，如《周官集注》〈天官‧
冢宰第一〉前，說：

> 漢河間獻王好古書，購得《周官》五篇。武帝求遺書，得之，藏于
> 秘府，諸儒皆莫之見。哀帝時，劉歆校理秘書，始著於《錄》、《略》，
> 以《考工記》補〈冬官〉之闕，歆門人河南杜子春能通其讀，鄭眾、
> 賈逵受業于杜。漢末馬融傳鄭康成，康成所注行世。《周官》最後出，
> 而起于劉歆，故後儒或疑為偽作，然漢文帝得魏文侯時樂工獻〈春
> 官‧大司樂〉章，而太史公〈封禪書〉引《周官》：「冬日至，祀天
> 于南郊，迎長日之至；夏日至，祭祇皆用樂舞，而神乃可得而禮」，
> 則為周人之書明矣。北宋程子、張子皆尊信之。朱子謂此經周公所
> 作，但當時行之，恐未能盡後聖，雖復損益可也。若肆為排抵，則
> 愚陋無知之人耳。（《周官集注》卷一，頁6）

敘述《周禮》的獲得、流傳與傳授，大抵本於傳統的說法。《周禮》由於晚出，
而起於劉歆，故後儒或疑《周禮》為偽作。方苞舉出文獻證據作辨駁，一為
《漢書‧藝文志》載漢文帝得魏文侯時樂工竇公獻〈春官‧大司樂〉章事，《漢
書‧藝文志》說：

> 六國之君，魏文侯最為好古，孝文時得其樂人竇公。獻其書，乃《周
> 官‧大宗伯》之〈大司樂〉章也。〔註13〕

漢文帝時，有魏文侯時竇公獻書，為《周禮‧大宗伯》的〈大司樂〉章，表
示至少在漢文帝時，《周禮》已有單篇流傳，故不可能為漢人偽造。而《周官
析疑》〈春官‧大宗伯〉「以血祭祭社稷，五祀五嶽，以貍沉祭山林川澤」，也
說：

> 不知《周官》中雖有為莽、歆所偽竄者，而〈大司樂〉章，則漢文
> 帝得魏文侯時樂工竇公所獻。司馬遷〈封禪書〉首舉虞、周之典祀，
> 直引其文，《史記》：「《周官》曰：『冬日至，祀天於南郊，迎長日之
> 至；夏日至，祭地祇，皆用樂舞，而神乃可得而禮也。』」則是篇乃
> 《周官》之舊明矣。（卷十七，頁176。）

《史記‧封禪書》引「《周官》曰」：

> 冬日至，祀天於南郊，迎長日之至；夏日至，祭地祇，皆用樂舞，

〔註13〕〔漢〕班固撰，陳國慶編：《漢書藝文志注釋彙編》（臺北：木鐸出版社，1983
年9月），〈六藝略，樂類〉，頁57。

而神乃可得而禮也。〔註14〕

《史記‧封禪書》所引《周官》，一般認爲即是《周禮‧春官‧大司樂》：

> 凡樂〔……〕。冬日至，於地上之圓丘奏之。若樂六變，則天神皆降，可得而禮矣。凡樂〔……〕。夏日至，於澤中之方丘奏之。若樂八變，則地示皆出，可得而禮矣。〔註15〕

故方苞得出：「則爲周人之書明矣」的結論。對於《周禮》的態度，方苞引朱熹的話說：「此經周公所作，但當時行之，恐未能盡後聖，雖復損益可也。」以《周禮》爲僞者「若肆爲排抵，則愚陋無知之人耳。」

〈天官‧大宰〉：「以九賦斂財賄，一曰邦中之賦，二曰四郊之賦，三曰邦甸之賦，四曰家削之賦，五曰邦縣之賦，六曰邦都之賦，七曰關市之賦，八曰山澤之賦，九曰幣餘之賦」，說：

> 關市譏而不征，乃文王治岐之政。或以九賦及關市證《周禮》（《周官析疑》作「《周官》」）爲僞，非也。《孟子》：「市廛而不征」，則市有賦矣。《春秋傳》「偪介之關，暴征其私」，則遠關有常賦矣。（《周官集注》卷一，頁16。《周官析疑》卷二，頁17。）

《周禮‧天官‧大宰》的九賦，其中有「關市之賦」。方苞根據《孟子‧梁惠王下》說：

> 昔者文王之治岐也。耕者九一，仕者世祿，關市譏而不征，澤梁無禁，罪人不孥，老而無妻曰鰥，老而無夫曰寡，老而無子曰獨，幼而無父曰孤。此四者，天下之窮民而無告者。文王發政施仁，必先斯四者。〔註16〕

以「關市譏而不征，乃文王治岐之政。」或有以爲〈天官‧大宰〉的九賦及於關市之賦，證《周禮》爲僞者，方苞以其爲非。並以《孟子‧公孫丑上》：「市廛而不征」，〔註17〕證市有賦。《左傳》昭公二十年：「偪介之關，暴征其私」，〔註

〔註14〕 〔漢〕司馬遷撰、〔南朝宋〕裴駰集解、〔唐〕司馬貞索隱、〔唐〕張守節正義、〔日本〕瀧川龜太郎考證：《史記會注考證》（臺北：文史哲出版社，1997年10月再版），卷二十八，頁483。

〔註15〕 〔漢〕鄭玄注、〔唐〕賈公彥疏、〔清〕阮元等校勘：《周禮注疏》卷二十二，頁342。

〔註16〕 〔漢〕趙岐注、題〔宋〕孫奭疏、〔清〕阮元等校勘：《孟子注疏》卷二上，頁35。

〔註17〕 同前註，卷三下，頁64。

〔註18〕 〔周〕左丘明傳、〔晉〕杜預注、〔唐〕孔穎達疏、〔清〕阮元等校勘：《春秋

18）證遠關有常賦。《周禮》的九賦中的「關市之賦」，古代學者一般以《禮記・王制》：

> 古者：公田，藉而不稅。市，廛而不稅。關，譏而不征。〔註 19〕

《孟子・公孫丑上》：

> 孟子曰：「尊賢使能，俊傑在位，則天下之士皆悅而願立於其朝矣。市廛而不征，法而不廛，則天下之商皆悅而願藏於其市矣。關，譏而不征，則天下之旅皆悅而願出於其路矣。耕者，助而不稅，則天下之農皆悅而願耕於其野矣。廛，無夫里之布，則天下之民皆悅而願爲之氓矣。信能行此五者，則鄰國之民仰之若父母矣。〔註 20〕

認爲周初行仁政，關市無征，征關市之賦爲後代衰世弊政，而《周禮》有關市之賦，故不可能爲周公之書。方苞則並非如此認爲，而是分別來說，以關市譏而不征，是文王治岐之政。而《孟子》、《左傳》的記載市、關有賦，故周代有關市之賦，不可以《周禮》有「關市之賦」爲偽。〔註 21〕「關市之賦」未必即是如方苞所說，推論也未必皆正確，但可充分表示方苞辨《周禮》非偽的立場。

《周官集注》〈天官・大宰〉：「祀五帝則掌百官之誓戒與其具修」，說：

> 《易大傳》：「帝出乎震」，則四時迎氣，各祭其方之帝，而以人帝配之，固有此義。屈原《九章》：「令五帝以折中分，戒六神與嚮服」，則祭五帝而以六佐配之，秦以前固有其制，非呂氏〈月令〉之臆說也。先儒或以鄭氏據《緯書》之妄，遂謂五帝之稱，漢以後始有之，而疑《周官》爲偽，誤矣。（卷一，頁 19。）

方苞所引《易大傳》「帝出乎震」，爲《周易・說卦》文。方苞認爲此即爲四

左傳注疏》卷四十九，頁 858。

〔註 19〕〔漢〕鄭玄注、〔唐〕孔穎達疏、〔清〕阮元等校勘：《禮記注疏》卷十二，頁 246。

〔註 20〕〔漢〕趙岐注、題〔宋〕孫奭疏、〔清〕阮元等校勘：《孟子注疏》卷三下，頁 64。

〔註 21〕如方苞〈周官辨惑三〉也說：「《周官》詳於關市山澤之政，世儒以爲疑。嗚呼！此萬貨息耗之原，人心淳僞之本，禮俗善敗之關，政教通塞之樞紐也。聖人之忠於利民，而盡萬物之理者具此矣。」以下論證甚詳，文長不具引。詳參〔清〕方苞撰：《周官辨》（上海：上海古籍出版社，1995 年，《續修四庫全書》第 79 冊，經部・禮類，據華東師範大學圖書館藏清乾隆刻本影印），頁 426～427。也可參考〔清〕方苞撰：《周官析疑》卷十四，〈地官・司關〉，「司貨賄之出入者，掌其治禁與其征廛」，頁 142，其說大抵相同。

時迎氣，各祭其方位之天帝，而以人帝配之。而方苞又引屈原《九章‧惜誦》：「令五帝以折中兮，戒六神與嚮服」，〔註22〕認爲祭五帝而以六佐配之，以秦以前已經有祭五帝事，故不可以《呂氏春秋‧十二紀》紀首所說春「其帝太皥，其神句芒」〔註23〕、夏「其帝炎帝。其神祝融」〔註24〕、季夏，中央土「其帝黃帝，其神后土」〔註25〕、秋「其帝少皥，其神蓐收」〔註26〕、冬「其帝顓頊。其神玄冥」〔註27〕爲臆說。而鄭玄注〈春官‧小宗伯〉「兆五帝於四郊，四望、四類亦如之」說：

> 五帝，蒼曰靈威仰，太昊食焉；赤曰赤熛怒，炎帝食焉；黃曰含樞紐；黃帝食焉；白曰白招拒，少昊食焉；黑曰汁光紀，顓頊食焉。黃帝亦於南郊。〔註28〕

鄭玄注《禮記‧大傳》「禮：不王不禘，王者禘其祖之所自出，以其祖配之」，也說：

> 王者之先祖，皆感大微五帝之精以生。蒼則靈威仰，赤則赤熛怒，
> 黃則含樞紐，白則白招拒，黑則汁光紀。〔註29〕

賈公彥《疏》說：「蒼則靈威仰至汁光紀者，《春秋緯‧文耀鉤》文」，《春秋緯‧文耀鉤》爲緯書。學者或以鄭玄《注》據《緯書》，遂認爲五帝的稱呼，是漢以後才有，而疑《周禮》爲僞作，是錯誤的。然而《周易‧說卦》說：

> 帝出乎震，齊乎巽，相見乎離，致役乎坤，說言乎兌，戰乎乾，勞乎
> 坎，成言乎艮。萬物出乎震，震，東方也。「齊乎巽」，巽，東南也。

〔註22〕 詳參〔周〕屈原等撰，傅錫壬注譯：《新譯楚辭讀本》（臺北：三民書局，1976年7月），卷四，頁95～96。其「折中」作「枂中」，「枂」同「折」。

〔註23〕 〔周〕呂不韋等編撰，陳奇猷校釋：《呂氏春秋校釋》（臺北：華正書局，1985年8月），卷一，〈孟春紀〉，頁1。卷二，〈仲春紀〉，頁63。卷三，〈季春紀〉，頁121。

〔註24〕 同前註，卷四，〈孟夏紀〉，頁185。卷五，〈仲夏紀〉，頁241。卷六，〈季夏紀〉，頁311。

〔註25〕 同前註，卷六，〈季夏紀〉，頁312。

〔註26〕 同前註，卷七，〈孟秋紀〉，頁375。卷八，〈仲秋紀〉，頁421。卷九，〈季秋紀〉，頁467。

〔註27〕 同前註，卷十，〈孟冬紀〉，頁515。卷十一，〈仲冬紀〉，頁567。卷十二，〈季冬紀〉，頁615。

〔註28〕 〔漢〕鄭玄注、〔唐〕賈公彥疏、〔清〕阮元等校勘：《周禮注疏》卷十九，頁290。

〔註29〕 〔漢〕鄭玄注、〔唐〕孔穎達疏、〔清〕阮元等校勘：《禮記注疏》卷三十四，頁616。

齊也者，言萬物之絜齊也。離也者，明也，萬物皆相見，南方之卦也；
聖人南面而聽天下，嚮明而治，蓋取諸此也。坤也者，地也，萬物皆
致養焉，故曰「致役乎坤」。兌，正秋也，萬物之所說也，故曰「說
言乎兌」。「戰乎乾」，乾，西北之卦也，言陰陽相薄也。坎者，水也，
正北方之卦也；勞卦也，萬物之所歸也，故曰「勞乎坎」。艮，東北
之卦也，萬物之所成終而所成始也，故曰「成言乎艮」。〔註30〕

此處說的只是天的主宰上帝與萬物配合四時方位循環的週期，與方苞說的「四
時迎氣，各祭其方位之帝，而以人帝配之」，意義實不相同。而方苞所引《九
章・惜誦》二句的意義為「祈請五帝來做個公平的判斷，讓六神來對質有無
罪狀」，〔註31〕也不是在說祭五帝。因此方苞所論祭五帝事，未必如其所說，
其推論也未必皆正確，但可充分表示方苞辨《周禮》非偽的立場。

《周官集注》〈秋官・司盟〉序官，說：

> 盟者，約辭告神，殺牲歃血，明著其信也。〈曲禮〉曰：「涖牲曰盟。」
> 《書》載苗民「罔中于信，以覆詛盟。」則五帝之世，已有此事，
> 第苗民覆之，故數以為罪耳。《春秋傳》成王勞周公、太公而賜之盟。
> 穀梁子謂：「盟詛不及三王」，非也。學者不察，或以《周官》設司
> 盟，而信何休戰國陰謀之說，誤矣。（卷九，頁277。）

盟的定義，方苞依鄭玄《注》，〔註32〕說：「盟者，約辭告神，殺牲歃血，明
著其信也〈曲禮〉曰：「涖牲曰盟。」〔註33〕「盟」，殺牲歃血誓於神。〔註34〕
學者一般認為五帝三王時代為治世，聖人教化，風俗淳樸，不需要以盟誓來
取信；後代政治衰落，到春秋、戰國時代，風俗澆薄，不講信義，故需要盟
誓，《穀梁傳》隱公八年說：「誥誓不及五帝，盟詛不及三王。」〔註35〕而方

〔註30〕〔魏〕王弼注，〔晉〕韓康伯注、〔唐〕孔穎達疏、〔清〕阮元等校勘：《周易
　　　　注疏》卷九，頁183～184。

〔註31〕〔周〕屈原等撰，傅錫壬注譯：《新譯楚辭讀本》（臺北：三民書局，1976年
　　　　7月），卷四，頁97，「語譯」。

〔註32〕鄭玄注說：「盟以約辭告神，殺牲歃血，明著其信也。〈曲禮〉曰：「『涖牲曰
　　　　盟。』」，〔漢〕鄭玄注、〔唐〕賈公彥疏、〔清〕阮元等校勘：《周禮注疏》卷
　　　　三十四，頁511。

〔註33〕〔漢〕鄭玄注、〔唐〕孔穎達疏、〔清〕阮元等校勘：《禮記注疏》卷五，〈曲
　　　　禮下〉，頁92。

〔註34〕詳參錢玄、錢興奇編著：《三禮辭典》，〔盟〕，頁923～924。

〔註35〕〔晉〕范甯集解、〔唐〕楊士勛疏、〔清〕阮元等校勘：《春秋穀梁傳注疏》（臺
　　　　北：藝文印書館，1997年8月初版第13刷，影印清嘉慶二十一年江西南昌府

苞不同意此說，其依據《尚書·周書·呂刑》說：

> 惟呂命：王享國百年，耄荒；度作刑以詰四方。王曰：「若古有訓，
> 蚩尤惟始作亂，延及于平民；罔不寇賊，鴟義姦宄，奪攘矯虔。苗
> 民弗用靈，制以刑，惟作五虐之刑曰法，殺戮無辜。爰始淫爲劓、
> 刵、椓、黥，越茲麗刑并制，罔差有辭。民興胥漸，泯泯棼棼，罔
> 中于信，以覆詛盟。虐威庶戮，方告無辜于上。上帝監民，罔有馨
> 香德，刑發聞惟腥。皇帝哀矜庶戮之不辜，報虐以威，遏絕苗民，
> 無世在下。乃命重、黎，絕地天通，罔有降格。群后之逮在下，明
> 明棐常，鰥寡無蓋。皇帝清問下民，鰥寡有辭于苗。德威惟畏，德
> 明惟明。〔註 36〕

方苞以苗民「罔中于信，以覆詛盟」，證五帝之世已有盟，只是苗民違背盟約，
故數之以爲罪。而又依據《左傳》僖公二十六年齊孝公伐魯，展喜對孝公說：「昔
周公、大公股肱周室，夾輔成王。成王勞之，而賜之盟，曰：『世世子孫無相害
也！』載在盟府，大師職之。」〔註 37〕成王勞周公、太公而賜之盟事，證成王
時也有盟。既然五帝三王時代已有盟，故《穀梁傳》隱公八年說：「誥誓不及五
帝，盟詛不及三王」爲非。後代學者或以《周禮》設有司盟，而相信何休《周
禮》爲戰國陰謀之說，〔註 38〕方苞認爲這是錯誤的。〔註 39〕「盟」未必即是如
方苞所說，推論也未必皆正確，但可充分表示方苞辨《周禮》非僞的立場。

再者如《周官析疑》〈天官·太宰〉：「八曰臣妾，聚斂疏材」，說：

> 世儒或以《周官》理財，過於詳密，疑非聖人之法，非也。財之盈
> 絀，係天下安危，故《易大傳》曰：「理財正辭，禁民爲非，曰義。」
> 但後世所謂理財者，惟計民之供，及國之用，與聖人所以理財者異
> 耳。蓋財之源，在於生之爲之，而不可一聽於民也。財之流，在於

學刊《十三經注疏》本），卷二，頁 24。

〔註 36〕 題〔漢〕孔安國傳、〔唐〕孔穎達疏、〔清〕阮元等校勘：《尚書注疏》卷十九，
〈周書·呂刑〉，頁 296。

〔註 37〕 〔周〕左丘明傳、〔晉〕杜預注、〔唐〕孔穎達疏、〔清〕阮元等校勘：《春秋
左傳注疏》卷十六，頁 265。

〔註 38〕 〔唐〕賈公彥〈序《周禮》廢興〉，〔漢〕鄭玄注、〔唐〕賈公彥疏、〔清〕阮
元等校勘：《周禮注疏》，頁 9 說：「何休亦以爲六國陰謀之書。」

〔註 39〕 〔清〕方苞撰：《周官析疑》卷十六，〈春官·詛祝〉，頁 173 也說：「〈呂刑〉以
覆詛盟爲有苗罪，則隆古已有其事。《小雅》由此三物，以詛爾斯，蓋理法情勢
之窮，有不得不要言於鬼神者。世儒乃以此疑《周官》，誤矣。詳見《總辨》。」

食之用之，而不可一委於吏也。觀九職之任民，至於聚斂疏材；〈遂師〉之巡稼穡而救時事，至于移用其民；〈酇長〉之趨耕耨并稽女功，所以導民於生之爲之者，視民之自謀而尤悉矣。失財用物，考於〈宰夫〉；振掌事者之餘財歸於〈職幣〉；宮中之稍食，〈宮正〉均之；周盧之月秩，〈宮伯〉制之，所以察吏而防食用之浮冒者周矣。禮俗之則頒於〈冢宰〉，祭祀、飲食、喪紀之禁令，辨於〈小司徒〉，所以防民而謹食用之靡耗者備矣。是乃生財之大道，所以天災不能困，而民患無由興也。（卷二，頁 16。）

世儒或以《周禮》理財，過於詳密，疑其非聖人之法，方苞以爲非。認爲「財之盈絀，係天下安危」，故《周易·繫辭下》：「理財正辭，禁民爲非，曰義。」〔註40〕並說後代所謂的理財「惟計民之供，及國之用」，與聖人所謂的理財不同。因爲財之源，在於生之爲之，而不可全部聽任於民。財之流，在於食之用之，而不可全部委任於吏。方苞說：「觀九職之任民，至於聚斂疏材」，然後舉〈遂師〉、〈酇長〉、〈宰夫〉、〈職幣〉、〈宮正〉、〈宮伯〉等的理財措施。「禮俗之則頒於〈冢宰〉，祭祀、飲食、喪紀之禁令，辨於〈小司徒〉」，方苞認爲此是「所以防民而謹食用之靡耗者備矣。」如此有效管理財用，「是乃生財之大道，所以天災不能困，而民患無由興也。」

　　方苞反對《周禮》爲僞的立場一直沒變。姑且先不論方苞之說的是非，但從方苞的認定來說，以相信《周禮》爲周公所作爲眞爲是，以懷疑《周禮》爲僞者爲非，不僅僅只是眞僞的問題，更涉及《周禮》本身的價值。此要分別層次來說，就《周禮》全書來說，反對《周禮》爲僞書，爲方苞從早年起即堅持的想法，〈讀周官〉一文即是如此。而對於《周禮》非僞書，方苞的立場也是始終如一，只是後來辨僞的重心轉移，進一步懷疑劉歆增竄《周禮》的內容，辨的僞是劉歆增竄《周禮》的僞，其他的內容則仍爲眞，其與〈讀周官〉在本質與層次上都有所不同。而楊向奎〈方苞「望溪學案」〉說：「望溪以《周官》爲周公作，但其中有劉歆竄改處」，然後引〈讀周官〉文，接著說：

書之「僞」與「不僞」缺乏嚴格定義，如謂原《周官》出於周公，則今傳《周禮》（即《周官》）肯定是僞書，如謂《周官》有部分實錄，部分虛構，則此書不僞。望溪謂《周官》出於周公，其體

〔註40〕〔魏〕王弼注，〔晉〕韓康伯注、〔唐〕孔穎達疏、〔清〕阮元等校勘：《周易注疏》卷八，頁 166。

大思精，非周公不可，但其中有劉歆僞竄。望溪之說，實無是處。
〔註41〕

首先，〈讀周官〉一文並無提到「劉歆竄改」事，說「望溪以《周官》爲周公作，但其中有劉歆竄改處」，確是方苞其後的主要思想。但如單以〈讀周官〉一文而論，說「望溪以《周官》爲周公作」是對的，說「但其中有劉歆竄改處」，就不夠準確。而楊向奎以方苞論「書之『僞』與『不僞』缺乏嚴格定義」，認爲方苞以「《周官》出於周公，其體大思精，非周公不可，但其中有劉歆僞竄」，其說「實無是處」。楊氏認爲「如謂原《周官》出於周公，則今傳《周禮》（即《周官》）肯定是僞書，如謂《周官》有部分實錄，部分虛構，則此書不僞」，此爲楊氏個人從現今辨僞標準，與對《周禮》性質的一般認定來說。楊向奎一方面忽略方苞《周禮》辨僞進程，以爲方苞《周禮》辨僞一開始就是論劉歆增竄，一方面以自己的標準度量方苞，因此說方苞之說「實無是處」。其實方苞的《周禮》辨僞的特別處即在此，表面上好像是互相矛盾，實際上此卻是方苞《周禮》辨僞的轉移進程。

〈讀《周官》〉以群儒疑《周禮》爲僞的原因是懲於前代實事，惟未加以具體討論；而至《周官辨》則進一步指出劉歆增竄《周禮》內容，與群儒爲其所迷惑，故疑《周禮》爲僞。〈《周官辨》序〉說：

> 凡人心之所同者，即天理也。然此理之在身心者，反之而皆同，至其伏藏於事物，則有聖人之所知，而賢者弗能見者矣。昔者周公思兼三王，以施四代之政。蓋有日夜以思而苦其難合者，以公之聖而得之如此其艱，則宜非中智所及也。故周官晚出，群儒多疑其僞。至宋程、張二子及朱子繼興，然後知是書非聖人不能作。蓋惟三子之心，幾乎與公爲一，故能究知是書之精蘊，而得其運用天理之實也。

> 然三子論其大綱，而未嘗條分縷析以辨其所惑，故學者於聖人運用天理，廣大精密之實，卒莫能窺，而幽隱之中，猶若有所疑僞焉。蓋鄭氏以漢法及莽事詁《周官》，多失其本指。而莽與歆所竄入者，實有數端。學者既無據以別其眞僞，而反之於心，實有所難安，故其惑至於千數百年而終莫能解。苟非折而理之，至是而合其心之同然，則是經之蠹蝕，終不可去。

〔註41〕楊向奎〈方苞「望溪學案」〉，楊向奎、冒懷辛等撰：《清儒學案新編》（第 3卷），頁 34。

夫〈武成〉之書，周人開國之典冊也，守在官府，傳布四方，不宜有譌；而孟子斷爲不可盡信，亦折之以理而已。

余懼學者幸生三子之後，而於是經之義，猶信疑交戰於胸中，是公之竭其心思以法後王者，將蔽晦以終古，故不得已而辨正焉。《孟子》曰：「能距楊墨者，聖人之徒也。」以余之淺見寡聞，豈足以有明；而志承乎三子，則知道者或猶能察其心，而不以爲妄也夫！〔註42〕

方苞指出凡是人心之所同者，即是天理。然此理在身心，反求之皆相同，至於深伏隱藏於事物，則有聖人才能知道，而賢者不能知。昔者周公「思兼三王，以施四代之政。蓋有日夜以思而苦其難合者」，〔註43〕以周公之聖而得之如此艱難，則應該非中智之人所及。由於平常人與聖人在認識上有差距，〔註44〕故周官晚出，群儒多疑其僞。方苞認爲至宋程頤、張載、朱熹繼起，「然後知是書非聖人不能作」。因爲「三子之心，幾乎與公爲一，故能究知是書之精蘊，而得其運用天理之實也」，然而三人雖然相信《周禮》，可是未條分縷析的辨別學者的疑惑，故學者「聖人運用天理，廣大精密之實，卒莫能窺，而幽隱之中，猶若有所疑僞焉。」方苞指出這些疑僞是「蓋鄭氏以漢法及莽事詁《周官》，多失其本指」，還有「而莽與歆所竄入者，實有數端」，方苞於此正式提出了劉歆增竄《周禮》文字，而學者無法辨別眞僞，疑惑至數千百年而無法得到合理的解釋，方苞認爲如果不是以理折之，「合其心之同然」，「則是經之蠹蝕，終不可去。」方苞畏懼學者於《周禮》之義，猶然信疑交戰於心中，故起而辨正《周禮》內容可疑的地方。其實方苞《周禮》辨偽前後的轉移，清代學者已注意到。《四庫全書總目》說：

其書（《周官集注》）成於康熙庚子。後苞別著《周官辨》十卷，〔註45〕指《周官》之文爲劉歆竄改，以媚王莽。〔註46〕

〔註42〕〔清〕方苞撰，劉季高點校：《方苞集》，集外文，卷四，頁599～600。

〔註43〕此語出自《孟子·離婁下》：「周公思兼三王，以施四事。其有不合者，仰而思之，夜以繼日：幸而得之，坐以待旦」，爲方苞所反覆引述，詳上註8。〔漢〕趙岐注：「三王，三代之王也。四事，禹、湯、文、武所行之事也。」詳參〔漢〕趙岐注、題〔宋〕孫奭疏、〔清〕阮元等校勘：《孟子注疏》卷八上，〈離婁下〉，頁146。

〔註44〕楊向奎〈方苞「望溪學案」〉，楊向奎、冒懷辛等撰：《清儒學案新編》（第3卷），頁30～31。

〔註45〕應爲十篇。

〔註46〕〔清〕紀昀、陸錫熊、孫士毅等纂修，《四庫全書》研究所整理：《欽定四庫

認爲《周官辨》成於《周官集注》後，然後有劉歆增竄說，惟未舉出任何證據。周中孚《鄭堂讀書記》〈《周官辨》一卷〉說：

> 今案其書凡〈辨僞〉二篇，〈辨惑〉八篇，多以《漢書‧莽傳》之文證其某節某句爲子政〔註47〕所增入。〔……〕厥後又作《周官析疑》以暢發其旨，何其與十餘年前著《周官集注》之心大相剌謬耶？〔註48〕

其說與《四庫全書總目》同。然而其以《周官集注》爲距《周官辨》、《周官析疑》「十餘年前」之作，而未提出任何證據。近人錢穆則提出證據，並對此作了考證：

> 方氏《周官集注》論此事云：「世人多以此病《周官》，然聖人曲成萬物而使不納於邪，義即在此。單丁女户，無主婚者，或因怨曠以致淫逸，或相爭奪以成獄訟，豈若天子之吏以王命會之而聽其奔，爲正大而無弊乎？」據《年譜》，《周官集注》成於五十三歲，〈文目編年〉，〈周官辨僞〉，入未詳文目，僅云多在五十以後。惟〈辨僞〉開首即云：「近或爲之說曰：是乃聖人之所以止佚淫而消鬥也。每見盰庶之家，嫠者改適，猜釁叢生，變詐百出，由是而成獄訟者十四三焉，豈若天子之吏以時會之而聽其相從於有司之前，可以稱年材，使各得其分願哉？」此即《集注》之說。蓋方氏自引而自駁之也。其他如〈地官〉載師、廛人，〈夏〉、〈秋〉二官方相、壺涿、硩蔟、庭氏，皆有以爲之說。尤於硩蔟氏深歎之，曰：「然則聖人設官以驅天鳥，豈可謂不急之務哉？」嘗考方氏三十五歲丙子作〈讀《周官》〉文，時方苞深信《周官》乃三王致治之迹，其規模可見者獨有是書。世變雖殊，其經緯天下之大體卒不可易。是時所見蓋與莽、歆同類，其爲《集注》，即本此意。逮後爲〈辨僞〉，乃致疑於歆之僞竄。〔註49〕

此爲錢穆論方苞〈周官辨僞二〉以〈地官‧媒氏〉文有劉歆增竄內容事，主要根據《周官集注》與〈周官辨僞二〉論此事的相關內容，與《周官集注》

全書總目》〔整理本〕（北京：中華書局，1997年1月），卷十九，〈《周官集注》十二卷〉，頁270。

〔註47〕應爲子駿。子政爲劉歆父劉向之字，子駿爲劉歆之字。

〔註48〕〔清〕周中孚《鄭堂讀書記》（臺北：世界書局，1960年11月），卷三，葉十上。

〔註49〕錢穆撰：《劉向歆父子年譜》，《兩漢經學今古文平議》，頁154～155。

和〈周官辨僞二〉的成書年代。錢穆據《年譜》,《周官集注》於方苞五十三歲,即康熙五十九年(1720),〈文目編年・年歲未詳文目(多在五十以後)〉有:「〈周官辨僞〉二首。」〔註50〕錢穆還指出〈周官辨僞二〉有自引《周官集注》說而自駁之的情形,因而斷定〈周官辨僞〉成於《周官集注》之後,說:「逮後爲〈辨僞〉,乃致疑於歆之僞竄。」錢穆指出〈周官辨僞〉自引《周官集注》說而自駁之,自爲有識。而就學說的演進來說,如此推斷,似乎也頗爲合理。《四庫全書總目》、周中孚、錢穆皆認爲《周官辨》成書在《周官集注》之後,此說幾成定論。然而《四庫全書總目》、周中孚《鄭堂讀書記》未有證據,只能說是四庫館臣與周中孚個人的推想。而錢穆所論雖有證據,然而僅及於〈周官辨僞〉二篇,並非《周官辨》十篇全部。因此此說是否即爲定論,還需要再作商榷。

《周官辨》成書於康熙五十二年(1713),〔註51〕《周官集注》則成書於康熙五十九年(1720)。〔註52〕上述錢穆論〈周官辨僞〉引〈文目編年〉爲年歲未詳(多在五十以後),而認爲《周官辨》成書於《周官集注》之後,然而《《周官辨》序〉,〈文目編年〉列於(康熙)癸巳,癸巳爲康熙五十二年。如此,則《周官辨》成書在《周官集注》之前,與《四庫全書總目》、周中孚《鄭堂讀書記》、錢穆之說剛好相反。而《周官辨》龔繆〈序〉說:

> 乃謀梓《總辨》十章以先之,且寄語望溪,宜早出其全書,與學者共之,安知不果有興於治教也。〔註53〕

〈序〉署雍正三年(1725)孟夏。而程崟〈序〉方苞《文集》說:

> 二十年前,崟嘗與二三同學刻《周官集註》於吳門,劉丈古塘刻《喪禮或問》於浙東,龔丈孝水刻《周官辨》於河北。先生聞之,切戒「可示生徒,不可播書肆」。劉、龔二君子既歿,得其書者益稀;總督漕政御史大夫顧公惜之,復刻於淮南。〔註54〕

〈序〉署乾隆十一年(1746)仲冬。二十年前爲雍正四年(1726),可知《周

〔註50〕〔清〕方苞撰,劉季高點校:《方苞集》,附錄二,〈文目編年〉,頁900。

〔註51〕同前註,附錄一,〔清〕蘇惇元編:《方苞年譜》,康熙五十二年癸巳,年四十六歲,頁876。

〔註52〕同前註,附錄一,〔清〕蘇惇元編:《方苞年譜》,康熙五十九年庚子,年五十三歲,頁877~878。

〔註53〕〔清〕方苞撰:《周官辨》,頁415。

〔註54〕〔清〕方苞撰,劉季高點校:《方苞集》,附錄三,〈各家序跋〉,〈原集三序〉,程崟〈序〉,頁909。

官辨》最早應該在雍正三、四年間時已有刊本。而顧琮〈序〉說：

> 龔君孝水曾刻《周官辨》于河北，劉君月三刻《喪禮或問》於浙東，以授其生徒。二君子沒，流傳者益希。余惜其可以助流政教而行之不遠，又〈喪服〉「尊同則不降」，及〈泉府〉「以國服爲之息」，舊刻尚未辨正，故重校而錄之，其〈序〉、〈跋〉、〈評語〉則仍其舊云。〔註55〕

〈序〉署乾隆七年（1742）三月，而顧琮說：「〈泉府〉『以國服爲之息』，舊刻尚未辨正，故重校而錄之」。可知《周官辨》於乾隆七年，除了於〈泉府〉「以國服爲之息」的內容作最後的修改，而距此二十九年前《周官辨》已是大體完整的著作，距此十八前已有刊本。雖然方苞戒以「可示生徒，不可播書肆」，流傳不廣，只流行熟悉於方苞的「朋友生徒」間。而《周官集注》，據前引程崟方苞《文集》〈序〉，雍正四年《周官集注》已有程崟刊本，雖然也可能流傳不廣。但兩者可以說是於同時期並爲流行，而《周官析疑》爲康熙六十年（1721）成書，〔註56〕而其承襲劉歆增竄的說法。《周官辨》，他人以至於方苞本人也有稱其爲「總辨」。上引《周官辨》龔纓〈序〉說：「乃謀梓《總辨》十章以先之。」顧琮爲《周官析疑》作〈序〉說：「望溪方先生讀〈王莽傳〉忽悟皆莽之亂政，而劉歆增竄聖經，爲之端兆，以惑愚眾，每事摘發，爲《總辨》十篇。」〔註57〕而《周官析疑》於部分相關之處，也時有說「詳見《總辨》」的。《周官辨》對《周官析疑》來說，確有總辨的性質，也可以說是總論。〔註58〕而方苞所參與纂修的《周官義疏》卷首有〈擬《周官》總辨〉八條，其內容與《周官辨》大抵相同，詳第三章，第二節。〈擬《周官》總辨〉八條冠於《周官義疏》卷首，符合其「總辨」之名。然而《周官辨》、《周官析疑》卻是各自單行。而《周官辨》成書之時，方苞說法已經基本定型。《周官集注》可以說正好夾在《周官辨》、《周官析疑》中間，實在也很難嚴格的區分前後轉變。而《周官集注》對《周官辨》關於劉歆增竄相關部分則有不同的說法，或有並無懷疑，依據《注》、《疏》，或另有其說法，而

〔註55〕〔清〕方苞撰：《周官辨》，頁 416。
〔註56〕〔清〕方苞撰，劉季高點校：《方苞集》，附錄一，〔清〕蘇惇元編：《方苞年譜》，康熙六十年癸巳，年五十四歲，頁 878。
〔註57〕〔清〕方苞撰：《周官析疑》，頁 1。
〔註58〕朱軾《周官析疑》序〉說：「其總論十篇，大義既以章徹，又逐節爬梳，以析其疑。經緯條貫，一歸於正。」〔清〕方苞撰：《周官析疑》，頁 4。

其中也有已經懷疑，但是並未完全加以否定，應屬於過渡之間的折衷說法。至於爲什麼於《周官辨》之後成書的《周官集注》會有這些差異的說法存在，或許因爲《周官集注》本書的主旨並不在懷疑或辨僞，而是「大指在發其端緒，使學者易求。」〔註59〕然而其中詳細原因，則有待進一步的證據，於此之前，也只能暫時存疑。以下即就《周官集注》中與《周官辨》、《周官析疑》關於劉歆增竄之處檢驗。

二、《周官集注》與《周官辨》等書相關說法的比較

顧頡剛〈方苞考辨《周官》的評價—《周官辨序》〉由《周官辨》整理出方苞認爲劉歆增竄的文字，有六項九條。〔註60〕另外，《周官析疑》有一條。《周官辨》、《周官析疑》中認爲是劉歆增竄的文字，在《周官集注》中皆有別的說法。今將《周官辨》、《周官析疑》認爲是劉歆增竄的文字，與《周官集注》相關之處的解釋逐條檢驗，以試理其跡：

（一）《周官辨》認為劉歆增竄的文字

1、〈地官·載師〉：「近郊十一，遠郊二十而三，甸、稍、縣、都皆無過十二。」

《周官集注》〈地官·載師〉：「凡任地，國宅無征，園廛二十而一，近郊十一，遠郊二十而三，甸、稍、縣、都皆無過十二，漆林之征二十而五」，說：

> 上經以廛里任國中之地，國宅謂列居國中者，所謂里也，故無征，與廛之在市者異。征稅輕近而重遠，近者多役故也。漆林加重，以自然而生，不假人力也。論者多以《周官》甸、稍、縣、都之十二爲疑，然《孟子》言三代皆十一，特所出粟米外，此尚有力役之征。
>
> 〈禹貢〉：「百里賦納總，二百里納銍，三百里納秸服」，則外此不輸總、秸服。輸將者，賦必有加，可知矣。此經所謂近郊十一，即公田之入也。自遠郊二十而三，以及甸、稍、縣、都之十二，皆量其力役之繁簡，而以他貢物足之。其九穀之貢，則不過公田所入，《春秋傳》所謂「穀出不過藉」也。〈角人〉、〈羽人〉、〈掌葛〉職，凡山

〔註59〕〔清〕方苞撰，劉季高點校：《方苞集》卷四，〈《周官集注》序〉，頁83。
〔註60〕詳參顧頡剛〈方苞考辨《周官》的評價——《周官辨序》〉，《文史》第37輯（北京：中華書局，1993年2月），頁2。

澤之農，徵其齒角，骨物，羽翮，葛材，草貢以當邦賦之政令，則
凡九穀及力役之征，皆可以他物充。（卷三，頁 105。）

《周禮・地官・載師》鄭玄《注》說：

征，稅也。言征者以共國政也。鄭司農云：「任地謂任土地以起稅賦
也。」國宅，城中宅也。無征，無稅也。故書漆林爲桼林。杜子春
云：「當爲桼林。」玄謂國宅，凡官所有宮室吏所治者也。周稅輕近
而重遠，近者多役也。園廛亦輕之者，廛無穀，園少利也。古者宅
必樹而疃場有瓜。〔註61〕

《周官集注》認爲「征稅輕近而重遠，近者多役故也」，爲依鄭玄《注》的解
釋。而「論者多以《周官》甸、稍、縣、都之十二爲疑」，《周官集注》依《孟
子・滕文公上》說：「夏后氏五十而貢，殷人七十而助，周人百畝而徹。其實
皆什一也」，〔註62〕認爲「三代皆十一」。只是除了所出的粟米外，還包括力
役之征。《尚書・禹貢》說：「五百里甸服：百里賦納總，二百里納銍，三百
里納秸服」，題孔安國《傳》說：「禾稾曰總，入之供飼國馬」、「銍刈謂禾穗」、
「秸，稾也，服稾役」。〔註63〕《周官集注》認爲「則外此不輸穗、秸服」，「輸
將者，賦必有加，可知矣」。進而推斷「此經所謂近郊十一，即公田之入也」，
自遠郊二十而三，甸、稍、縣、都皆無過十二，皆爲量其力役之繁簡，而以
其他貢物充當以足之。《周官集注》認爲近郊十一即是公田之入，至於遠郊二
十而三，甸、稍、縣、都皆無過十二，十一之外，是用其他貢物來充當，「則
凡九穀及力役之征，皆可以他物充」。此處已有方苞自己的說法，不過還不認
爲「近郊十一，遠郊二十而三，甸、稍、縣、都皆無過十二」爲增竄，而認
爲所征十一之外，是可以用其他的貢物充當的。

2、〈地官・廛人〉：「掌斂市、絘布、總布、質布、罰布、廛布而入于
泉府。」

《周官集注》〈地官・廛人〉：「掌斂市、絘布、總布、質布、罰布、廛布
而入于泉府」，說：

〔註61〕〔漢〕鄭玄注、〔唐〕賈公彥疏、〔清〕阮元等校勘：《周禮注疏》卷十三，頁
201。

〔註62〕〔漢〕趙岐注、題〔宋〕孫奭疏、〔清〕阮元等校勘：《孟子注疏》卷五上，
頁 91。

〔註63〕題〔漢〕孔安國注，〔唐〕孔穎達疏、〔清〕阮元等校勘：《尚書注疏》卷六，
〈夏書・禹貢〉，頁 91～92。

絘布，列肆之稅。總布，或曰：總當爲儳，無肆立持者之稅也。或
曰：讀如租穧之穧，守斗斛銓衡者之稅也。質布，犯質劑者所罰。
罰布，犯市令者所罰。廛布，諸物邸舍之稅。

既有廛布，絘布不應又爲列肆之稅。絘，從次。思次、介次皆聽治
訟之所也。豈訟于市者必先入布，如束矢、鈞金之類與？總布，疑
即民買賖官物之泉，肆長分收，而總會于廛人，故以總名。（卷四，
頁119。）

《周禮‧地官‧廛人》鄭玄《注》說：

布，泉也。鄭司農云：「絘布，列肆之稅布。」杜子春曰：「總當爲
儳，謂無肆立持者之稅也。」玄謂總讀如租穧之穧，穧布謂守斗斛
銓衡者之稅也。質布者，質人之所罰，犯質劑者之泉也。罰布者，
犯市令者之泉也。廛布者，貨賄諸物邸舍之稅。〔註64〕

《周官集注》先引鄭玄《注》絘布、總布、質布、罰布、廛布等名義。絘布，「列
肆之稅」，爲引鄭司農說。總布，或曰：「總當爲儳，無肆立持者之稅也」，爲引
杜子春說，又或曰：「讀如租穧之穧，守斗斛銓衡者之稅也」，爲鄭玄說。質布，
「犯質劑者所罰」、罰布，「犯市令者所罰」、廛布，「諸物邸舍之稅」，皆爲鄭玄
說。不過，《周官集注》懷疑絘布、總布。懷疑既然廛布爲「諸物邸舍之稅」，
也就是貨物倉庫的稅，絘布不應又爲「列肆之稅」，即陳列貨物之處所的稅。故
從字形上推測，絘從次，而市有思次、介次。思次、介次出自〈地官‧司市〉：

凡市入，則胥執鞭度守門，市之羣吏平肆、展成、奠賈、上旌於思
次以令市。市師涖焉，而聽大治大訟。胥師、賈師涖於介次，而聽
小治小訟。〔註65〕

思次、介次爲管理市場的官吏治事與聽訟之處，〔註66〕思次聽大治大訟，介
次聽小治小訟，進而推測絘布爲訴訟於市，要先入繳的保證金，即如《周禮‧
秋官‧大司寇》：

以兩造禁民訟，入束矢於朝，然後聽之。以兩劑禁民獄，入鈞金，
三日乃致于朝，然後聽之。〔註67〕

〔註64〕　〔漢〕鄭玄注、〔唐〕賈公彥疏、〔清〕阮元等校勘：《周禮注疏》卷十五，頁226。
〔註65〕　同前註，卷十四，頁219。
〔註66〕　詳參錢玄、錢興奇編著：《三禮辭典》，〔思次〕，頁553。〔介次〕，頁174～175。
〔註67〕　〔漢〕鄭玄注、〔唐〕賈公彥疏、〔清〕阮元等校勘：《周禮注疏》卷三十四，
　　　　　頁517。

故說：「豈訟於市者必先入布，如束矢、鈞金之類與？」又懷疑總布「即民買賒官物之泉，肆長分收，而總會于廛人，故以總名。」應是根據《周禮・地官・肆長》有「斂其總布，掌其戒禁」的話。〔註68〕《周官集注》於此也說：

> 賈師職曰：「凡國之賣儥，各帥其屬，而嗣掌其月。」賈師之屬肆長也，買賒官物之布，必肆長斂之可知矣。其或日終而總計之，以會于廛人，故曰總布與？（卷四，頁120。）

推測總布為肆長徵收，而總計於廛人，故曰：「總布」。絿布、總布，《周官集注》雖然對其名義感到懷疑，但尚未完全否定，而是提出自己的推測與解釋。

3、〈夏官・方相氏〉：「掌蒙熊皮，黃金四目，玄衣朱裳，執戈揚盾，帥百隸而時難，以索室毆疫。大喪先匶，及墓，入壙，以戈擊四隅，毆方良。」

《周官集注》〈夏官・方相氏〉：「方相氏掌蒙熊皮、黃金四目、玄衣朱裳、執戈揚盾，帥百隸而時難，以索室毆疫」，說：

> 時難者，以時而難。〈月令〉季春、中秋、季冬皆難是也。索室毆疫，索于室中而毆其疫屬之鬼也。（卷七，頁250。）

《周禮・夏官・方相氏》鄭玄《注》說：

> 時難，四時作方相氏以難卻凶惡也。〈月令〉：季冬命國難。索，廋也。

知《周官集注》〈夏官・方相氏〉為依鄭玄《注》。

4、〈秋官・蟄蔟氏〉：「以方書十日之號，十有二辰之號，十有二月之號，十有二歲之號，二十有八星之號，縣其巢上，則去之。」

《周官集注》〈秋官・蟄蔟氏〉：「蟄蔟氏掌覆夭鳥之巢，以方書十日之號，十有二辰之號，十有二月之號，十有二歲之號，二十有八星之號，縣其巢上，則去之」，說：

> 夭鳥，惡鳴之鳥，若鴞鵬。方，版也。
>
> 鄭剛中曰：鵲忌庚，燕避戊己，蠯逢申日則過街，鵲作巢則避太歲，狐潛上伏，不越度阡陌，虎豹知衝破，然則夭鳥避此五者，必實有是理也。
>
> 唐子西云：《聖惠方》言：有鳥夜飛，謂之無辜，小兒衣服遭之則成

〔註68〕同前註，卷十五，頁228。

疾輒成疾。歐陽永叔〈鬼車〉詩言：其血污人家，其家必破。然則

聖人設官以驅夭鳥，豈可謂不急之務與？（卷十，頁309。）

《周禮・秋官・蟈蔟氏》「蟈蔟氏掌覆夭鳥之巢。」鄭玄《注》說：「夭鳥，
惡鳴之鳥，若鴞鵩。」〔註69〕《周官集注》對夭鳥的名義依鄭玄《注》。又引
宋代鄭鍔（字剛中，？～？）說「鵲忌庚，燕避戊己，鸕逢申日則過街，鵲
作巢則避太歲，狐潛上伏，不越度阡陌，虎豹知衝破」等動物避忌與習性，
然後說「然則夭鳥避此五者，必實有是理也。」「夭鳥避此五者」指「以方書
十日之號，十有二辰之號，十有二月之號，十有二歲之號，二十有八星之號，
縣其巢上，則去之。」表示《周官集注》同意此夭鳥避忌說法，並不以為怪
誕而反對。再引唐庚（字子西，1071～1121）、歐陽修（1007～1072）〈鬼車〉
詩，涉及後世夭鳥傳說，其實與經文意義並無太大關係。然而其接著說：「然
則聖人設官以驅夭鳥，豈可謂不急之務與？」則為其一貫的態度。

5、〈秋官・壺涿氏〉：「若欲殺其神，則以牡橭午貫象齒而沈之，則其
神死，淵為陵。」

《周官集注》〈秋官・壺涿氏〉：「若欲殺其神，則以牡橭午貫象齒而沈之，
則其神死，淵為陵」，說：

水之神，龍罔象。橭，榆木名。午貫者，十字為之。淵有神而欲殺

之，必變見震驚于民者。（卷十，頁310。）

《周禮・秋官・壺涿氏》鄭玄《注》說：

神謂水神，龍罔象。故書橭為梓，午為五。杜子春云：梓當為橭，

橭讀為枯。枯，榆木名，書或為樗。又云：五貫當為午貫。〔註70〕

知《周官集注》〈秋官・壺涿氏〉於此的解釋為依鄭玄《注》，並且說：「淵有
神而欲殺之，必變見震驚于民者。」

6、〈秋官・庭氏〉：「若神也，則以大陰之弓與枉矢射之。」

《周官集注》〈秋官・庭氏〉：「若神也，則以大陰之弓與枉矢射之」，說：

神謂非鳥獸之聲，若《春秋傳》「或叫于宋太廟曰：『譆譆，出出』」

者。太陰之弓即救月之弓，枉矢即救日之矢，互言也。救日用枉矢，

則救月以恒矢可知。（卷十，頁310）

《周禮・秋官・庭氏》鄭玄《注》說：

〔註69〕同前註，卷三十七，頁558。
〔註70〕同前註，卷三十七，頁559。

神謂非鳥獸之聲，若「或叫于宋大廟『譆譆，出出』」者。太陰之弓，

救月之弓；枉矢，救日之矢與？不言救月之弓與救日之矢者互言之。

救日用枉矢，則救月以恒矢可知也。〔註71〕

知《周官集注》〈秋官・庭氏〉於此的解釋依鄭玄《注》。

　　7、〈地官・媒氏〉：「中春之月，令會男女，於是時也，奔者不禁。若

　　　　無故而不用令者，罰之。司男女之無夫家者而會之。」

　　《周官集注》〈地官・媒氏〉：「中春之月，令會男女，於是時也，奔者不

禁。若無故而不用令者，罰之。司男女之無夫家者而會之」，說：

世人多以此病《周官》，然聖人曲成萬物而使不納於邪，義即在此。

單丁女戶，無主婚者，或因怨曠以致淫逸，或相爭奪，以成獄訟，

豈若天子之吏，以王命會之，而聽其奔，爲正大而無弊乎？（卷四，

頁 115。）

錢穆以此說即〈周官辨僞二〉〔註72〕開頭之說，因此認爲方苞爲自引其說而

自駁之，可詳上文所述。〔註73〕又說：

此經首言始婚者，次言娶判妻，入子者，次言鰥寡，節次甚明，但

其文恐有錯簡，若移「若無故而不用令者，罰之」于「令男子三十

而娶，女子二十而嫁」之下；移「司男女之無夫家者而會之」于「令

會男女之下」，則無可疑矣，然就本文亦可通。（卷四，頁 115～116。）

《周官集注》於此「世人多以此病《周官》」的文字，爲「聖人曲成萬物而使

不納於邪，義即在此。」聖人用心深遠，顧慮到「單丁女戶，無主婚者，或

因怨曠以致淫逸，或相爭奪，以成獄訟」的情形。不如「天子之吏，以王命

會之，而聽其奔，爲正大而無弊乎？」基本上對〈地官・媒氏〉此段文字表

示同意，而《周官集注》於〈地官・媒氏〉文後，則懷疑此段文字可能有錯

簡，並提出移「若無故而不用令者罰之」於前文「令男子三十而娶，女子二

十而嫁」之下；移「司男女之無夫家者而會之」於「令會男女之下」，說如此

「則無可疑矣」，但是又說：「然就本文亦可通」，表示《周官集注》對此經文

懷疑，既疑其爲錯簡，但是又游移不定的態度。

〔註71〕同前註。

〔註72〕可詳參〔清〕方苞撰：《周官辨》，〈周官辨僞二〉，頁 421。

〔註73〕錢穆撰：《劉向歆父子年譜》，《兩漢經學今古文平議》，頁 154。錢穆認爲《周
　　　　官辨》成於《周官集注》之後，其有此說，自是合其理。然而《周官辨》實
　　　　成於《周官集注》之前，其中詳細原因，只能存疑。

8、〈地官・泉府〉:「凡民之貸者,與其有司辨而授之,以國服為之息。」

　　《周官集注》〈地官・泉府〉:「凡民之貸者,與其有司辨而授之,以國服為之息」,說:

　　　　民有急,貸于官,第歸其本,而服國事以當其息也。〈禹貢〉:「三百
　　　　里納秸服」,《周官》服公事者,他如服勞、服役皆以任其力為義,
　　　　而鄭氏以王莽之受息釋之,悞矣。(卷四,頁121。)

　　《周禮・地官・泉府》鄭玄《注》說:

　　　　玄謂以國服為之息,以其於國服事之稅為息也。於國事受園廛之田,
　　　　而貸萬泉者,則朞出息五百。王莽時民貸以治產業者,但計贏所得
　　　　受息,無過歲什一。〔註74〕

　　《周官集注》於此認為人民如有急用借貸於官府,只要還其本金,而服國事
以充當利息。以服國事為「任其力」,即是為國服勞役,而鄭玄「以王莽之受
息釋之,悞矣。」其以鄭玄《注》為誤。鄭玄認為「以國服為之息」為「以
其於國服事之稅為息也」,並以王莽為例。鄭玄以為於國服事之稅作為利息,
《周官集注》則認為是力役,而不是於國服事之稅作為利息。

9、〈秋官・條狼氏〉:「誓邦之大史曰:殺,誓小史曰:墨。」

　　《周官集注》〈秋官・條狼氏〉:「凡誓,執鞭以趨於前,且命之。誓僕右
曰:殺,誓馭曰:車轘,誓大夫曰:敢不關,鞭五百,誓師曰:三百,誓邦
之大史曰:殺,誓小史曰:墨」,說:

　　　　前謂所誓眾之前行也。命之者,有司讀誓詞,則大言其刑,以警所誓
　　　　也。〈士師〉五戒,一曰誓,用之于軍旅。《注》兼祭祀,非也。祭祀
　　　　之誓戒,無所用殺、轘之刑,且大宰掌之,大司徒涖之,非條狼氏所
　　　　及也。僕右不用命則敗績,故其濼重。既曰:僕右,又曰:馭,蓋制
　　　　馭一軍者即軍帥也,發命不衷,出謀不審,則以國予敵,故其刑更重
　　　　于僕右。大夫則輿帥也,事有當關白而不關者,則鞭之,鞭作官刑故
　　　　也。師,族師以下眾士也。有當關而不關者,濼末減于大夫。太史、
　　　　小史不掌軍事而其刑殺、墨者,古者行軍重天時,覘風雲物色以卜勝
　　　　敗,故其責亦重也。曰:邦之太史、小史者,恐疑禮官不宜在軍,軍
　　　　行別有太史、小史,如辟司徒、公司馬之類,故特文以出之,以見即

〔註74〕〔漢〕鄭玄注、〔唐〕賈公彥疏、〔清〕阮元等校勘:《周禮注疏》卷十五,頁
　　　　228～229。

邦之太史、小史也。（卷十，頁306～307。）〔註75〕

王介甫以殺與車轘之刑過重，又鞭不宜加于大夫，遂謂此皆誓其屬，不知軍事威克。《春秋傳》：田于孟諸，楚申無畏抶宋公之僕。戎僕，大夫也。晉侯之弟楊干亂行于曲梁，魏絳戮其僕，辭于晉侯曰：「至于用鉞」，則古者軍刑之重可知矣。（卷十，頁307。）

《周官集注》以此誓專爲軍誓，以鄭玄《注》兼祭祀爲非，並歷敘僕右、馭、大夫、師、大史、小史的職守重要性，及所受刑罰的原因。又以王安石（1021～1086）以爲殺與車轘的刑罰過於重，還有對大夫不應該用鞭刑，遂謂此皆指誓其部屬。《周官集注》則認爲王安石「不知軍事威克」，並引《左傳》：「田于孟諸，楚申無畏抶宋公之僕」、「晉侯之弟楊干亂行于曲梁，魏絳戮其僕，辭于晉侯曰：『至于用鉞』」事。其出自《左傳》文公十年：

陳侯、鄭伯會楚子于息。冬，遂及蔡侯次于厥貉，將以伐宋。宋華御事曰：「楚欲弱我也，先爲之弱乎？何必使誘我？我實不能，民何罪？」乃逆楚子，勞且聽命。遂道以田孟諸。宋公爲右盂，鄭伯爲左盂。期思公復遂爲右司馬，子朱及文之無畏爲左司馬，命夙駕載燧。宋公違命，無畏抶其僕以徇。或謂子舟曰：「國君不可戮也。」子舟曰：「當官而行，何彊之有？《詩》曰：『剛亦不吐，柔亦不茹』、『毋縱詭隨，以謹罔極』。是亦非辟彊也。敢愛死以亂官乎？」〔註76〕

與襄公三年：

晉侯之弟揚干亂行於曲梁，魏絳戮其僕。晉侯怒，謂羊舌赤曰：「合諸侯，以爲榮也。揚干爲戮，何辱如之？必殺魏絳，無失也！」對曰：「絳無貳志，事君不辟難，有罪不逃刑，其將來辭，何辱命焉？」言終，魏絳至，授僕人書，將伏劍。士魴、張老止之。公讀其書，曰：「日君乏使，使臣斯司馬。臣聞：『師眾以順爲武，軍事有死，

〔註75〕此「〈士師〉五戒」至「非條狼氏所及也。」與「僕右不用命則敗績」至「有當關而不關者，濫末減于大夫。」分屬《周官析疑》〈秋官・條狼氏〉「凡誓，執鞭以趨於前，且命之。」、「誓僕右曰：殺，誓馭曰：車轘，誓大夫曰：敢不關，鞭五百，誓師曰：三百，誓邦之大史曰：殺，誓小史曰：墨」前後兩條，而後一條從「師，謂百夫之長，族師、鄙師以下眾士也，故其法末減於大夫」下，其說即不同，爲「誓邦之大史曰：殺，小史曰：墨，乃劉歆所增竄，詳見總辨。」詳參〔清〕方苞撰：《周官析疑》卷三十四，頁356。

〔註76〕〔周〕左丘明傳、〔晉〕杜預注、〔唐〕孔穎達疏、〔清〕阮元等校勘：《春秋左傳注疏》卷十九上，頁322～323。

無犯爲敬。』君合諸侯，臣敢不敬？君師不武，執事不敬，罪莫大焉。臣懼其死，以及揚干，無所逃罪。不能致訓，至於用鉞，臣之罪重，敢有不從，以怒君心？請歸死於司寇。」公跣而出曰：「寡人之言，親愛也；吾子之討，軍禮也。寡人有弟，弗能教訓，使干大命，寡人之過也。子無重寡人之過，敢以爲請。」晉侯以魏絳爲能以刑佐民矣，反役，與之禮食，使佐新軍。張老爲中軍司馬，士富爲侯奄。〔註77〕

舉此「田于孟諸，楚申無畏抶宋公之僕」、「晉侯之弟楊干亂行于曲梁，魏絳戮其僕，辭于晉侯曰：『至于用鉞』」事。戎僕，《周禮・夏官・戎僕》序官說：「戎僕，中大夫二人。」〔註78〕戎僕爲大夫。戎僕職爲：「掌馭戎車，掌王倅車之政，正其服。犯軷，如玉路之儀。凡巡守及兵車之會，亦如之。掌凡戎車之儀。」〔註79〕《周官集注》以上述例子證軍事刑重，就算是大夫也難逃鞭刑，甚至於死刑，故說：「則古者軍刑之重可知矣。」

（二）《周官析疑》認爲劉歆增竄的文字

〈春官・女巫〉：「凡邦之大烖，歌哭以請。」

《周官集注》〈春官・女巫〉「若王后弔，則與祝前。凡邦之大烖，歌哭以請」，說：

> 與天官女祝前后。歌者，憂愁之歌，若〈雲漢〉之詩是也。（卷六，頁205。）

《周禮・春官・女巫》賈公彥《疏》說：

> 此云歌者，憂愁之歌，若〈雲漢〉之詩是也。〔註80〕

知《周官集注》〈春官・女巫〉於此的解釋爲依賈公彥《疏》，以歌者爲憂愁之歌，就如《詩經・大雅・雲漢》詩篇。

綜上所述，〈夏官・方相氏〉、〈秋官・壼涿氏〉、〈秋官・庭氏〉，《周官集注》依從鄭玄《注》。〈春官・女巫〉依從賈公彥《疏》。〈地官・載師〉、〈地官・廛人〉、〈地官・泉府〉、〈秋官・條狼氏〉，《周官集注》則有自己的說法。

〔註77〕　同前註，卷二十九，頁502〜503。

〔註78〕　〔漢〕鄭玄注、〔唐〕賈公彥疏、〔清〕阮元等校勘：《周禮注疏》卷二十八，頁434。

〔註79〕　同前註，卷三十二，頁489〜490。

〔註80〕　〔漢〕鄭玄注、〔唐〕賈公彥疏、〔清〕阮元等校勘：《周禮注疏》卷二十六，〈春官・女巫〉，頁401。

〈地官・媒氏〉則懷疑有錯簡，但又說「然就本文亦可通」，態度游移不定。雖然《周官集注》大部分還是依鄭玄《注》，但是已有少部分不從《注》說，或者對經文懷疑。但是都不完全否定，而是就其所理解，提出新說法。而相對於《周官辨》認爲是劉歆增竄，《周官集注》保存了部分相信《注》、《疏》的說法，與由懷疑過渡到完全否定之間的折衷說法。

第二節　方苞的《周禮》辨僞的完成

　　方苞對《周禮》中爲前人所疑而違背天理與人情之處，終究懷疑。而其將《漢書・王莽傳》事蹟與《周禮》這些內容互相對比，得出劉歆幫助王莽篡位，而增竄於《周禮》之中的結論。方苞〈陳榕門《周官析疑》改稿〉說：

> 自程、朱二子謂《周官》非聖人不能作，而後儒終若蓄疑於其心。蓋因王莽用之以亡漢而自亡，安石用之以敗宋而自敗；且其中數事實悖天理，逆人情，雖暴君污吏有不忍爲，而無以爲之解。桐城方望溪先生讀《漢書・王莽傳》，見莽之亂政皆託於《周官》，而《周官》之文若一一爲之端兆，始悟公孫祿數劉歆之罪，以爲顚倒五經，使學士疑惑，此其顯見者也。乃作〈辨僞〉二篇，以發莽與歆之奸心，〈辨疑〉八篇，以解歐陽氏、胡氏諸賢之錮蔽，昭如發矇，聞者莫不心帖。〔註81〕

方苞以王莽的亂政皆託於《周禮》。因此，《周禮》中其認爲亂政的內容，與其中有關於認爲妖妄而不合聖人之道的事，皆是劉歆所增竄。方苞認爲劉歆增竄《周禮》的內容，主要爲亂政與妖妄之事，而以下即分爲此二項以討論：〔註82〕

一、亂政之事

　　（一）〈地官・載師〉：「近郊十一，遠郊二十而三，甸、稍、縣、都皆無過十二。」

> 蓋莽頌六藝，以文姦言，而浚民之政，皆託於《周官》。其未篡也，

〔註81〕〔清〕方苞撰，徐天祥、陳蕾點校：《方望溪遺集》（合肥：黃山書社，1990年12月），〈書牘類〉，〈序跋類〉，頁2。

〔註82〕爲免徵引龐雜，其以《周官辨》爲主。而〈春官・女巫〉一條出自《周官析疑》。

既以公田口井布令，故旣篡下書，不能遽變十一之說，而謂漢法名三十稅一，實十稅五，則其意居可知矣。故歆承其意，而增竄〈閭師〉（按：應爲載師）之文，以示《周官》之田賦，本不止於十一也。」（〈周官辨僞一〉，頁418。）〔註83〕

《漢書・王莽傳》說：

莽曰：「古者，設廬井八家，一夫一婦田百畝，什一而稅，則國給民富而頌聲作。此唐虞之道，三代所遵行也。秦爲無道，厚賦稅以自供奉，罷民力以極欲，壞聖制，廢井田，是以兼并起，貪鄙生，強者規田以千數，弱者曾無立錐之居。又置奴婢之市，與牛馬同蘭，制於民臣，顓斷其命。姦虐之人因緣爲利，至略賣人妻子，逆天心，悖人倫，繆於『天地之性人爲貴』之義。《書》曰『予則奴戮女』，唯不用命者，然後被此辜矣。漢氏減輕田租，三十而稅一，常有更賦，罷癃咸出，而豪民侵陵，分田劫假。厥名三十稅一，實什稅五也。父子夫婦終年耕芸，所得不足以自存。故富者犬馬餘菽粟，驕而爲邪；貧者不厭糟糠，窮而爲姦。俱陷于辜，刑用不錯。予前在大麓，始令天下公田口井，時則有嘉禾之祥，遭反虜逆賊且止。今更名天下田曰『王田』，奴婢曰『私屬』，皆不得賣買。其男口不盈八，而田過一井者，分餘田予九族鄰里鄉黨。故無田，今當受田者，如制度。敢有非井田聖制，無法惑眾者，投諸四裔，以禦魑魅，如皇始祖考虞帝故事。」〔註84〕

方苞以《漢書・王莽傳》，王莽說漢代田賦：「厥名三十稅一，實什稅五也。」認爲其「不能遽變十一之說，而謂漢法名三十稅一，實十稅五，則其意居可知矣。」於是劉歆承其意旨，而於〈地官・載師〉增竄「近郊十一，遠郊二十而三，甸、稍、縣、都皆無過十二」的文字，以表示《周禮》的田賦，本來不止十一，以爲其亂政有合理的理由。方苞說：

古者公田爲居，井竈場圃取具焉。國賦所出，實八十畝。《孟子》及《春秋傳》所謂十一，乃總計公私田數以爲言。若周之賦法，不過

〔註83〕以下引〔清〕方苞撰：《周官辨》次數多，茲以括號著上書名、頁數，不再一一出註。

〔註84〕〔漢〕班固撰、〔唐〕顏師古注：《漢書》（北京：中華書局，1962年6月，1987年12月第五次印刷），卷九十九中，〈王莽傳〉第六十九中，頁4110～4111。

歲入公田之穀，并無所謂十一之名也。又安從有二十而三與十二之
道哉！〈閭師〉之法，通乎天下，又安有近郊、遠郊、甸、稍、縣、
都之別哉！〈載師〉職所以特舉國宅、園廛、漆林者，以田賦之外，
地征惟此三者耳。今去「近郊十一」至「無過十二」之文，而〈載
師〉職固辭備而義完矣。《周官》之田賦，更無可疑者矣。（〈周官辨
僞一〉，頁 419。）〔註85〕

方苞認為「十一」，「乃總計公私田數以為言。」而如周之賦法，「不過歲入公
田之穀」，並沒有所謂十一之名。又何有二十而三與十二。而〈閭師〉之法，
為通於天下，又何有近郊、遠郊、甸、稍、縣、都之分別。〔註 86〕〈載師〉
所以特別舉國宅、園廛、漆林，因田賦之外，地征惟有此三者。〔註 87〕而如
果刪去「近郊十一，遠郊二十而三，甸、稍、縣、都皆無過十二」的文字，
而〈載師〉職文字「固辭備而義完矣。」

（二）〈地官・廛人〉：「掌斂市，絘布、總布、質布、罰布、廛布而入
　　　于泉府。」

莽立山澤六筦，榷酒鑄器，稅眾物以窮工商，故歆增竄〈廛人〉之
文，以示《周官》征布之目，本如是其多也。（〈周官辨僞一〉，頁
418～419。）

《漢書・王莽傳》說：

初設六筦之令。命縣官酤酒，賣鹽鐵器，鑄錢，諸采取名山大澤眾
物者稅之。又令市官收賤賣貴，賒貸予民，收息百月三。犧和置酒

〔註85〕可詳參〔清〕方苞撰：《周官析疑》卷十一，〈地官・載師〉，頁 117～118。其
　　　頁 118 也說：「反覆參攷，蓋維『『凡任地，國宅無征，園廛二十而一，惟其
　　　漆林之征二十而五』三句二十三字，為經之本文，以是三者皆非穀土，而別
　　　有地征，故特著之。近郊十一，遠郊二十而三，甸、稍、縣、都皆無過十二，
　　　此三句一十九字，則莽、歆所增竄也。」

〔註86〕〔漢〕鄭玄注、〔唐〕賈公彥疏、〔清〕阮元等校勘：《周禮注疏》卷十三，
　　　〈地官・閭師〉，頁 202～203 說：「閭師掌國中及四郊之人民、六畜之數，
　　　以任其力，以待其政令，以時徵其賦。凡任民：任農以耕事，貢九穀；任
　　　圃以樹事，貢草木；任工以飭材事，貢器物；任商以市事，貢貨賄；任牧
　　　以畜事，貢鳥獸；任嬪以女事，貢布帛；任衡以山事，貢其物；任虞以澤
　　　事，貢其物。」

〔註87〕同前註，卷十三，〈地官・載師〉，頁 201 說：「凡任地，國宅無征，園廛二十
　　　而一，近郊十一，遠郊二十而三，甸、稍、縣、都皆無過十二，唯其漆林之
　　　征二十而五。」

士，郡一人，乘傳督酒利。禁民不得挾弩鎧，徙西海。〔註88〕

方苞以《漢書・王莽傳》，王莽設六筦，「命縣官酤酒，賣鹽鐵器，鑄錢，諸采取名山大澤眾物者稅之。又令市官收賤賣貴，賒貸予民，收息百月三。犧和置酒士，郡一人，乘傳督酒利。」方苞以「莽立山澤六筦，榷酒鑄器，稅眾物以窮工商」，故劉歆增竄〈地官・廛人〉的「掌斂市，絘布、總布、質布、罰布、廛布而入于泉府」，以表示《周禮》的征布項目，本來就如此多，以爲其亂政有合理的理由。方苞說：

> 周之先世，關市無征。及公制六典，商則門征其貨，賈則關市征其廛。蓋以有職則宜有貢，又懼所獲過贏，而民爭逐末耳。肆長之斂總布，蓋總一肆買賒官物所入之布而斂之，非別有是征也。若質布則本職無是，絘布則通經無是也。今去絘布、質布、總布之文，而〈廛人〉職固辭備而義完矣。《周官》之市征，更無可疑者矣。（〈周官辨僞一〉，頁419。）〔註89〕

方苞認爲〈地官・肆長〉的「斂總布，蓋總一肆買賒官物所入之布而斂之」，並非另外有此征。〔註90〕而如質布「則本職無是」，絘布「則通經無是」。而如果刪去「絘布、質布、總布」的文字，而〈廛人〉職文字「固辭備而義完矣。」

（三）〈地官・媒氏〉：「中春之月，令會男女，於是時也，奔者不禁。若無故而不用令者，罰之。司男女之無夫家者而會之。」

> 〈媒氏〉：仲春之月，大會男女，奔者不禁。或爲之說曰：是乃聖人之所以止佚淫而消鬬辯也。每見盰庶之家，僂者改適，猜釁叢生，變詐百出，由是而成獄訟者十四三焉，豈若天子之吏以時會之，而聽其相從於有司之前，可以稱年材，使各得其分願哉？管子治齊，以掌媒合獨，猶師其意，則斯乃民治之所宜也，審矣。嗚呼！管子生政散民流之後，而姑爲一切之法，是不可知。若成周之世，則安

〔註88〕 〔漢〕班固撰、〔唐〕顏師古注：《漢書》卷九十九中，〈王莽傳〉第六十九中，頁4118。

〔註89〕 可詳參〔清〕方苞撰：《周官析疑》卷十三，〈地官・廛人〉，頁137則說：「犯質劑者之罰，宜統於罰布，不宜別爲一類。經之本文止宜有總布、罰布、廛布，絘布、質布，乃劉歆所增竄也。蓋莽立山澤六筦，榷酒鑄器，巧法眾以窮商工，故竄此以示《周官》征布之目，本如是其多耳。」

〔註90〕 〔漢〕鄭玄注、〔唐〕賈公彥疏、〔清〕阮元等校勘：《周禮注疏》卷十五，〈地官・肆長〉，頁228說：「肆長各掌其肆之政令。陳其貨賄，名相近者相遠也，實相近者相爾也，而平正之。斂其總布，掌其戒禁。」

用此哉！自文王后妃之躬化，遠蒸江漢。至周公作洛，道洽政行，民知秉禮而度義也，久矣。又況《周官》之法，冠昏之禮事，黨正教之；比戶之女功，鄰長稽之。凡民之邪惡者，雖未麗於法，而已坐諸嘉石，役諸司空，任諸州里，尚何怨曠陰私暴詐之敢作哉！《管子》合獨之政，乃取鰥寡而官配之，若會焉而聽其自奔，則雖亂國汙吏，能布此爲憲令乎？蓋莽之法，私鑄者伍坐，沒入爲官奴婢，傳詣鍾官者，以十萬數，至則易其夫婦，民人駭痛，故歆增竄〈媒氏〉之文，以示周公之法，官會男女，而聽其相奔，則以罪沒而易其夫婦，猶未爲已甚也。莽之母死，而不欲爲之服。歆與博士獻議，《周禮》：「王爲諸侯緦衰」，「弁而加環絰」，同姓則麻，異姓則葛。今《周禮·司服》無「弁而加環絰」三語，則〈媒氏〉之文爲歆所增竄也決矣。（〈周官辨僞二〉，頁421。）

方苞認爲「或爲之說曰」的「是乃聖人之所以止佚淫而消鬥辨也。每見畎庶之家，嫠者改適，猜釁叢生，變詐百出，由是而成獄訟者十四三焉，豈若天子之吏以時會之，而聽其相從於有司之前，可以稱年材，使各得其分願哉？」〈媒氏〉會男女是爲防止男女淫佚而消除爭鬥訴辯。而《管子·入國》所說：

所謂合獨者，凡國都皆有掌媒，丈夫無妻曰鰥，婦人無夫曰寡，取鰥寡而合和之，予田宅而家室之，三年然後事之，此之謂合獨。〔註91〕

《管子》「掌媒合獨」猶然師法〈媒氏〉之意，「則斯乃民治之所宜也，審矣。」然而「管子生政散民流之後，而姑爲一切之法，是不可知。」《管子》所載爲衰世之法，而「若成周之世，則安用此哉！」《周禮》應無此法。而《管子》的「合獨之政」，爲取鰥夫寡婦而官府爲其婚配，而假若會男女而聽任其自爲私奔，則雖是「亂國汙吏」，又豈能夠公布如此的法令？而《漢書·王莽傳》說：

民犯鑄錢，伍人相坐，沒入爲官奴婢。其男子檻車，兒女子步，以鐵鎖琅當其頸，傳詣鍾官，以十萬數。到者易其夫婦，愁苦死者什六七。〔註92〕

方苞認爲《漢書·王莽傳》所載「民犯鑄錢，伍人相坐，沒入爲官奴婢。」「傳詣鍾官，以十萬數。到者易其夫婦，愁苦死者什六七。」故劉歆增竄〈媒氏〉

〔註91〕題〔周〕管仲撰，陳慶照、李障天注釋：《管子房注釋解》，頁351。
〔註92〕〔漢〕班固撰、〔唐〕顏師古注：《漢書》卷九十九下，〈王莽傳〉第六十九下，頁4167。

的「〈地官‧媒氏〉：「中春之月，令會男女，於是時也，奔者不禁。若無故而不用令者，罰之。司男女之無夫家者而會之」，以表示「周公之法，官會男女，而聽其相奔」，則以犯罪沒入爲官奴婢，而易其夫婦，猶未爲過分。方苞說：

> 自仲春以下三十七字，蓋莽、歆所增竄。莽法，私鑄者伍坐，沒入奴婢，以十萬數，至則易其夫婦，民人駭痛，故歆增竄此，以示周公之法，官會男女，而聽其自奔，則以罪沒而易其夫婦，猶未爲已甚也。夫無夫家而聽其自奔，雖亂國污吏，不能布此爲憲令。即以所會者爲鰥寡，亦非一與之齊，終身不改之義，故知《周官》必無是法也。且以文義求之，於「奔者不禁」後，承以「無故而不用令者，罰之」，則所謂不用令者，未知其何指？既曰：大會男女，又曰：「司男女之無夫家者而會之」，重見贅設，亦無此文義。康成之說，害義傷教。羣儒求其故，而不得強爲之辭，皆不足辨也。〔註93〕

方苞認爲「夫無夫家而聽其自奔，雖亂國污吏，不能布此爲憲令。」即使「以所會者爲鰥寡，亦非一與之齊，終身不改之義」，故知道《周禮》必定沒有此法。而方苞以「中春之月，令會男女，於是時也，奔者不禁。若無故而不用令者，罰之。司男女之無夫家者而會之」三十七字，爲劉歆所增竄。而方苞更以文義推求之，認爲於「奔者不禁」後，承接以「無故而不用令者，罰之」，「則所謂不用令者，未知其何指？」而「令會男女」，又「司男女之無夫家者而會之」，重複贅述，「亦無此文義。」

（四）〈地官‧泉府〉：「凡民之貸者，與其有司辨而授之，以國服爲之息。」

> 貸以泉，息以泉，莽之亂政也，《周官》無是也。古者農各受田，工廩於官，而與農交易。山林川澤官守之，而民以時入焉。養生送死之具，家自有之。其以祭祀、喪紀而有求於官，不過角貝、金錫、漆絲、時物之類耳。然惟喪、祭始聽其賒，則冠婚、賓客，賒且不聽矣，況貸以泉乎！三代盛時，閭閻生養，本無所用泉。即上之賑凶饑，養老孤，恤艱阨，亦各以委積待而不待乎泉。惟大荒作布，乃以當菽粟，而使民自相糴耳。若以泉貸商賈而生其息，則王莽貸

〔註93〕　〔清〕方苞撰：《周官析疑》卷十三，〈地官‧媒氏〉，頁133。可參考〔清〕方苞撰：《周官辨》，〈周官辨僞二〉，頁421。〈周官辨僞二〉作「〈媒氏〉：仲春之月，大會男女，奔者不禁。」

民以財，使置產業而分其贏得之術也。自莽及安石而外，雖亂國晻世，不聞更用此，以浚民造怨，而謂周公爲之乎？〈司市〉之職曰：「以泉府同貨而斂賒」，則有斂有賒，而絕無所謂貸，其義甚明。而〈泉府〉貸息之文，爲劉歆所增竄決矣。不獨後鄭之說大悖，即後儒謂服國事以爲息，於理爲近，而時遠於事情。蓋民艱阨，則上隨時以賙，不宜聽其妄貸以自耗。若商賈，則能通泉布，而不能服國事。且公旬三日，用農民以服役事，已寬然有餘，外此別無所爲國事矣。（〈周官辨惑一〉，頁 423。）〔註94〕

方苞以「貸以泉，息以泉」，爲王莽的亂政，《周禮》無此。而人民「以祭祀喪紀而有求於官，不過角貝、金錫、漆絲、時物之類耳。」然而惟有「喪、祭始聽其賒」，〔註95〕「則冠婚、賓客，賒且不聽矣」，何況是官府借貸以錢！如以錢借貸給商賈而生其利息，「則王莽貸民以財，使置產業而分其贏得之術也。」而方苞以〈地官・司市〉：「以泉府同貨而斂賒」〔註96〕證「則有斂有賒，而絕無所謂貸」，而〈泉府〉：「凡民之貸者，與其有司辨而授之，以國服爲之息」，爲劉歆所增竄。

二、妖妄愚誣之事

方苞說：

> 莽好厭勝，妖妄愚誣，爲天下訕笑，故歆增竄〈方相〉、〈壺涿〉、〈硩族〉、〈庭氏〉之文，以示聖人之法，固如是其多怪變也。（〈周官辨僞一〉，頁 419。）

方苞認爲王莽「好厭勝，妖妄愚誣」，而劉歆爲王莽增竄的「妖妄愚誣」之事於《周禮》，以表示「聖人之法，固如是其多怪變也。」

（一）〈夏官・方相氏〉：「掌蒙熊皮，黃金四目，玄衣朱裳，執戈揚盾，帥百隸而時難，以索室毆疫。大喪先匶，及墓，入壙，以戈擊四隅，毆方良。」

夫疫可驅也，而蒙熊皮，黃金四目，與莽之遣使負鱉持幢何異乎！

〔註94〕可詳參〔清〕方苞撰：《周官析疑》卷十三，〈地官・泉府〉，頁 139～140。〔清〕方苞撰：《周官辨》，〈周官辨惑七〉，頁 434～435。

〔註95〕〔漢〕鄭玄注、〔唐〕賈公彥疏、〔清〕阮元等校勘：《周禮注疏》卷十五，〈地官・泉府〉，頁 228 說：「凡賒者，祭祀無過旬日，喪紀無過三月。」

〔註96〕同前註，卷十四，〈地官・司市〉，頁 219。

卜得吉兆，以安先王之體魄。而入壙，戈擊四隅，以毆方良，與莽
之令武士入高廟，拔劍四面提擊何異乎！（〈周官辨偽一〉，頁 419。）

《漢書‧王莽傳》說：

五威將乘乾文車，駕坤六馬，背負鷩鳥之毛，服飾甚偉。每一將各
置左右前後中帥，凡五帥。衣冠車服駕馬，各如其方面色數。將持
節，稱太一之使；帥持幢，稱五帝之使。

又說：

莽夢長樂宮銅人五枚起立，莽惡之，念銅人銘有「皇帝初兼天下」
之文，即使尚方工鑴滅所夢銅人膺文。又感漢高廟神靈，遣虎賁武
士入高廟，拔劍四面提擊，斧壞戶牖，桃湯赭鞭，鞭灑屋壁。〔註97〕

方苞以〈夏官‧方相氏〉：「掌蒙熊皮，黃金四目，玄衣朱裳，執戈揚盾，帥
百隸而時難，以索室毆疫。大喪先匶，及墓，入壙，以戈擊四隅，毆方良」，
與《漢書‧王莽傳》所載怪誕之事類似。方苞說：

玄衣朱裳，執戈揚盾，以毆疫，可也。而蒙熊皮，黃金四目，則怪
誕而可駭。大喪先匶，宜也。而卜得吉兆，先王體魄之所安也。乃
入壙，以戈擊四隅，毆方良，不亦悖乎！蓋莽好厭勝，如遣使負鷩持幢，
與令武士入高廟，拔劍四面提擊，正與二事相類。故歆增竄此文，以示聖人之法，
固如是其多怪變耳。削去「蒙熊皮，黃金四目」，「入壙，以戈擊四
隅，毆方良」，則職中辭義相承，完善無疵。〔註98〕

方苞認為刪去〈夏官‧方相氏〉「蒙熊皮，黃金四目」與「入壙，以戈擊四隅，
毆方良」，則〈夏官‧方相氏〉「辭義相承，完善無疵。」

（二）〈秋官‧䃥蔟氏〉：「以方書十日之號，十有二辰之號，十有二月 之號，十有二歲之號，二十有八星之號，縣其巢上，則去之。」

妖鳥之巢可覆也，而以方書日月星辰之號，懸其巢。妖鳥之有形者
可射也，不見其形而射其方，猶有說也。神之降，不以德承焉，不
以其物享焉，而射之，可乎？（〈周官辨偽一〉，頁 419。）

方苞認為妖鳥之巢為可覆，而以方木版書寫「十日之號，十有二辰之號，十
有二月之號，十有二歲之號，二十有八星之號」，懸掛鳥巢上，則荒誕不經。

〔註97〕 以上〔漢〕班固撰、〔唐〕顏師古注：《漢書》卷九十九中，〈王莽傳〉第六十
九中，頁 4115。卷九十九下，〈王莽傳〉第六十九下，頁 4169。

〔註98〕 〔清〕方苞撰：《周官析疑》卷二十九，〈夏官‧方相氏〉，頁 296～297。

又說：

於〈硩蔟氏〉去「以方書十日」以下之文，覆其巢則鳥自去，無他事矣。以
方書懸巢上，是不覆其巢也，與上文顯背。（〈周官辨偽一〉，頁 420。）〔註99〕

方苞認爲要刪去〈秋官‧硩蔟氏〉的「以方書十日之號，十有二辰之號，十
有二月之號，十有二歲之號，二十有八星之號，縣其巢上，則去之」的文字。
方苞又以「覆其巢則鳥自去」，並無需做其他事。而「以方書懸巢上」，則是
不覆其巢，與上文「硩蔟氏掌覆夭鳥之巢」〔註100〕顯然違背。

（三）〈秋官‧壺涿氏〉：「若欲殺其神，則以牡橭午貫象齒而沈之，則
　　　　其神死，淵爲陵。」

水蟲之怪可毆也，而其神可殺乎？神無形而有死，神死而淵可爲陵。
其誑燿天下，與莽之鑄威斗、鐫銅人膺文、桃湯赭鞭，鞭灑屋壁，
異事而同情。

今於〈方相氏〉去「蒙熊皮，黃金四目」及「大喪」以下之文，於
〈硩蔟氏〉去「以方書十日」以下之文，覆其巢則鳥自去，無他事矣。以方
書懸巢上，是不覆其巢也，與上文顯背。於〈壺涿氏〉去「若欲殺其神」以下
之文，於〈庭氏〉去「若神也」以下之文，則四職固辭備而義完矣，
其他更無可疑者矣。（〈周官辨偽一〉，頁 419～420。）〔註101〕

方苞認爲「水蟲之怪可毆也，而其神可殺乎？」神爲無形而其有死，神死而淵
可以爲陵。「其誑燿天下，與莽之鑄威斗、鐫銅人膺文、桃湯赭鞭，鞭灑屋壁」
〔註102〕等怪誕之事，爲「異事而同情。」方苞認爲要刪去〈秋官‧壺涿氏〉的
「若欲殺其神，則以牡橭午貫象齒而沈之，則其神死，淵爲陵」的文字。

（四）〈秋官‧庭氏〉：「若神也，則以大陰之弓與枉矢射之。」

妖鳥之有形者可射也，不見其形而射其方，猶有說也。神之降，不

〔註99〕同前註卷三十五，〈秋官‧硩蔟氏〉，頁 358 說：「此劉歆所增竄，詳見《總辨》。」

〔註100〕〔漢〕鄭玄注、〔唐〕賈公彥疏、〔清〕阮元等校勘：《周禮注疏》卷三十七，
〈秋官‧硩蔟氏〉，頁 558。

〔註101〕〔清〕方苞撰：《周官析疑》卷三十五，〈秋官‧壺涿氏〉，頁 358 說：「此劉
歆所增竄，詳見《總辨》。」

〔註102〕〔漢〕班固撰、〔唐〕顏師古注：《漢書》卷九十九下，〈王莽傳〉第六十九下，
頁 4151 說：「是歲八月，莽親之南郊，鑄作威斗。威斗者，以五石銅爲之，
若北斗，長二尺五寸，欲以厭勝眾兵。既成，令司命負之，莽出在前，入在
御旁。鑄斗日，大寒，百官人馬有凍死者。」

以德承焉，不以其物享焉，而射之，可乎？（〈周官辨僞一〉，頁419。）

方苞認爲射妖鳥之神，其事荒誕不經，「神之降，不以德承焉，不以其物享焉，而射之，可乎？」

又說：

〔……〕於〈庭氏〉去「若神也」以下之文，則四職固辭備而義完矣，其他更無可疑者矣。（〈周官辨僞一〉，頁420。）〔註103〕

方苞認爲要刪去〈秋官・庭氏〉的「若神也，則以大陰之弓與枉矢射之」的文字。而方苞說：

〈夏〉、〈秋〉二官，毆疫、禬蠱、攻埋蠱、去妖鳥、毆水蟲，所以除民害，安物生，肅禮事也。而以戈擊壙，以矢射神，以書方厭鳥，以牡橭午貫象齒殺神，則荒誕而不經。若是者揆之於理則不宜，驗之於人心之同然則不順，而經有是文，何也？則莽與歆所竄入也。

（〈周官辨僞一〉，頁418。）

「〈夏〉、〈秋〉二官，毆疫、禬蠱、攻埋蠱、去妖鳥、毆水蟲，所以除民害，安物生，肅禮事也。」而卻有荒誕不經的內容，則是劉歆爲王莽增竄。

（五）〈秋官・條狼氏〉：「誓邦之大史曰殺，誓小史曰墨。」

若太史、小史之墨、殺，則義焉取哉！古者軍之大刑，不過將及僕右，以主將者三軍之司命，而僕右其股肱也。不戒不愼，必至敗國而殄民，故〈條狼氏〉之誓，于僕右曰殺，馭曰車轘。既列僕右，則馭必主將之制馭一軍者，故其刑尤重。大夫以下，特官府之常刑耳。先王制法，盡人而不倚於天，信理而不惑於數。豈以兵交之時日，而妄施墨、殺乎！班史稱莽性好時日小數，垂死之時，尚令天文郎按栻於前，時日所加，莽輒旋席，隨斗柄而坐，則其平日行軍之律，誓眾之辭，必有申嚴於時日機祥，而重其罪責者，然則誓邦之太史曰殺，小史曰墨之文，抑亦歆之所增竄也。」（〈周官辨惑四〉，頁428。）〔註104〕

方苞認爲先王制法，「盡人而不倚於天，信理而不惑於數」之意，而「豈以兵交之時日，而妄施墨、殺乎！」而《漢書・王莽傳》說：

〔註103〕〔清〕方苞撰：《周官析疑》卷三十五，〈秋官・庭氏〉，頁359說：「『若神也』以下，劉歆所增竄。」

〔註104〕同前註，卷三十四，〈秋官・條狼氏〉，頁356說：「誓邦之大史曰殺，小史曰墨，乃劉歆所增竄，詳見《總辨》。」

性好時日小數，及事迫急，亶爲厭勝。遣使壞渭陵、延陵園門罘罳，曰：「毋使民復思也。」又以墨涂色其周垣。號將至曰「歲宿」，申水爲「助將軍」，右庚「刻木校尉」，前丙「燿金都尉」，又曰：「執大斧，伐枯木；流大水，滅發火。」如此屬不可勝記。

又說：

時莽紺袀服，帶璽韍，持虞帝匕首。天文郎桉栻於前，日時加某，莽旋席隨斗柄而坐，曰：「天生德於予，漢兵其如予何！」莽時不食，少氣困矣。〔註105〕

方苞據《漢書・王莽傳》所載王莽「性好時日小數」，認爲王莽「則其平日行軍之律，誓眾之辭，必有申嚴於時日機祥，而重其罪責者」，而〈秋官・條狼氏〉：「誓邦之大史曰殺，誓小史曰墨」的文字，爲劉歆所增竄。

（六）〈春官・女巫〉：「凡邦之大烖，歌哭以請。」

邦有大烖，而使愚婦人歌哭而請。妖妄不經甚矣。班史載莽好厭勝，憂不知所出。崔發言《周禮》及《春秋左傳》，國有大烖，則哭以厭之。莽乃率羣臣，會諸生小民朝夕哭，甚悲哀。是乃劉歆死之月也，故發承莽之意，繼歆之事，而爲此議，因增竄〈女巫〉之文。削去二語，與〈男巫〉職立文正同。（《周官析疑》卷二十三，頁244。）

方苞認爲「邦有大烖，而使愚婦人歌哭而請。妖妄不經甚矣。」而《漢書・王莽傳》說：

是月，析人鄧曄、于匡起兵南鄉百餘人。時析宰將兵數千屯鄡亭，備武關。曄、匡謂宰曰：「劉帝已立，君何不知命也！」宰請降，盡得其眾。曄自稱輔漢左將軍，匡右將軍，拔析、丹水，攻武關，都尉朱萌降。進攻右隊大夫宋綱，殺之，西拔湖。莽愈憂，不知所出。崔發言：「《周禮》及《春秋左氏》，國有大災，則哭以厭之。故易稱『先號咷而後笑』。宜呼嗟告天以求救。」莽自知敗，乃率群臣至南郊，陳其符命本末，仰天曰：「皇天既命授臣莽，何不殄滅眾賊？即令臣莽非是，願下雷霆誅臣莽！」因搏心大哭，氣盡，伏而叩頭。又作告天策，自陳功勞，千餘言。諸生小民會旦夕哭，爲設飧粥，

甚悲哀及能誦策文者除以爲郎，至五千餘人。〔註106〕

方苞以《漢書・王莽傳》載崔發說：「《周禮》及《春秋左氏》，國有大災，則哭以厭之」事，〔註107〕因其時劉歆已自殺死，〔註108〕故認爲是崔發承王莽之意，繼劉歆之事，而爲此建議，因而增竄〈春官・女巫〉：「凡邦之大裁，歌哭以請」的文字。而其刪去此二語，「與〈男巫〉職立文正同。」〔註109〕

方苞說：

> 夫歆頌莽之功，既曰：「發得《周禮》，以明殷監」，而公孫祿數歆之罪，又曰：「顛倒五經，使學士疑惑」，則此數事者，乃莽與歆所竄入者，決矣。然猶幸數事之外，五官俱完，聖人制作之意，昭如日星。其所僞託，按以經之本文，而白黑可辨也。（〈周官辨僞一〉，頁419。）

方苞認爲「夫歆頌莽之功，既曰：『發得《周禮》，以明殷監』，而公孫祿數歆之罪，又曰：『『顛倒五經，使學士疑惑』』，〔註110〕則其所指數事，「乃莽與歆

〔註106〕 〔漢〕班固撰、〔唐〕顏師古注：《漢書》卷九十九下，〈王莽傳〉第六十九下，頁4187。

〔註107〕 〔周〕左丘明傳、〔晉〕杜預注、〔唐〕孔穎達疏、〔清〕阮元等校勘：《春秋左傳注疏》卷二十三，頁388說：「十二年春，楚子圍鄭。旬有七日，鄭人行成，不吉。卜臨于大宮，且巷出車，吉。國人大臨，守陴者皆哭。」

〔註108〕 可參考錢穆撰：《劉向歆父子年譜》，《兩漢經學今古文平議》（臺北：東大圖書公司，1971年8月，1983年9月臺3版），頁159。其時爲新莽地皇四年（23）七月。

〔註109〕 〔漢〕鄭玄注、〔唐〕賈公彥疏、〔清〕阮元等校勘：《周禮注疏》卷二十六，〈春官・男巫〉，頁400說：「王弔，則與祝前。」〈春官・女巫〉，頁400說：「若王后弔，則與祝前。」

〔註110〕 〔漢〕班固撰、〔唐〕顏師古注：《漢書》卷九十九上，〈王莽傳〉第六十九上，頁4090說：「九月，莽母功顯君死，意不在哀，令太后詔議其服。少阿、義和劉歆與博士諸儒七十八人皆曰：「居攝之義，所以統立天功，興崇帝道，成就法度，安輯海內也。昔殷成湯既沒，而太子蚤夭，其子太甲幼少不明，伊尹放諸桐宮而居攝，以興殷道。周武王既沒，周道未成，成王幼少，周公屛成王而居攝，以成周道。是以殷有翼翼之化，周有刑錯之功。今太皇太后比遭家之不造，委任安漢公宰尹群僚，衡平天下。遭孺子幼少，未能共上下，皇天降瑞，出丹石之符，是以太皇太后則天明命，詔安漢公居攝踐祚，將以成聖漢之業，與唐虞三代比隆也。攝皇帝遂開祕府，會群儒，制禮作樂，卒定庶官，茂成天功。聖心周悉，卓爾獨見，發得周禮，以明因監，則天稽古，而損益焉，猶仲尼之聞韶，日月之不可階，非聖哲之至，孰能若茲！綱紀咸張，成在一匱，此其所以保佑聖漢，安靖元元之效也。今功顯君薨，禮『庶子爲後，爲其母緦。』傳曰『與尊者爲體，不敢服其私親也。』攝皇帝以聖德承皇天之命，受太后之

所竄入者，決矣。」「然猶幸數事之外，五官俱完，聖人制作之意，昭如日星。」
而劉歆所僞託，覆按以經典的本文，可分辨出增竄的內容。又說：

> 凡世儒所疑《周官》者，切究其義，皆聖人運用天理之實。惟此數
> 事，揆以制作之意，顯然可辨其非眞。而於莽事，則皆若爲之前轍，
> 而開其端兆。然則非歆之竄入而誰乎？（〈周官辨僞一〉，頁 420。）

方苞認爲「凡世儒所疑《周官》者，切究其義，皆聖人運用天理之實。」惟
有上述此亂政、妖妄愚誣數事，「揆以制作之意」，顯然可分辨其並非眞。而
其於王莽的事蹟，皆一一符合，「若爲之前轍，而開其端兆。」而此則皆爲劉
歆所竄入《周禮》之中。然而如換一角度來說，王莽施政多依仿《周禮》，故
其事與《周禮》多符合，而不是劉歆增竄《周禮》。而衡諸史實，劉歆增竄或
僞造《周禮》說，實不能成立。〔註111〕而方苞所指爲劉歆增竄者，實也不能
成立。如顧頡剛說：

> 不過，方苞所舉出的《周官》中幾節他所定的僞竄文字，從現在
> 看來，理由實在不充足。例如《媒氏》「大會男女」之文，他雖也
> 把《管子》的「掌媒合獨」來比較，可是終究不能勝過禮教的觀
> 念，於是說《管子》是衰世之法，成周之盛不應有這種悖理逆天
> 之事，道學面孔擺得十足。他不知道，直到現在，我國西南部的

詔居攝踐祚，奉漢大宗之後，上有天地社稷之重，下有元元萬機之憂，不得顧
其私親。故太皇太后建厥元孫，俾侯新都，爲哀侯後。明攝皇帝與尊者爲體，
承宗廟之祭，奉共養太皇太后，不得服其私親也。周禮曰『王爲諸侯緦縗』，『弁
而加環絰』，同姓則麻，異姓則葛。攝皇帝當爲功顯君緦縗，弁而加麻環絰，
如天子弔諸侯服，以應聖制。」莽遂行焉，凡壹弔再會，而令新都侯宗爲主，
服喪三年云。」卷九十九下，〈王莽傳〉第六十九下，頁 4170 說：「是歲，南
郡秦豐眾且萬人。平原女子遲昭平能說博經以八投，亦聚數千人在河阻中。莽
召問群臣禽賊方略，皆曰：「此天囚行尸，命在漏刻。」故左將軍公孫祿徵來
與議，祿曰：「太史令宗宣典星曆，候氣變，以凶爲吉，亂天文，誤朝廷。太
傅平化侯飾虛僞以諭名位，『賊夫人之子』。國師嘉信公顚倒五經，毀師法，令
學士疑惑。明學男張邯、地理侯孫陽造井田，使民棄土業。犧和魯匡設六筦，
以窮工商。說符侯崔發阿諛取容，令下情不上通。宜誅此數子以慰天下！」又
言：「匈奴不可攻，當與和親。臣恐新室憂不在匈奴，而在封域之中也。」莽
怒，使虎賁扶祿出。然頗采其言，左遷魯匡爲五原卒正，以百姓怨非故。六筦
非匡所獨造，莽厭眾意而出之。」國師嘉信公爲劉歆。

〔註111〕可詳參錢穆撰：《劉向歆父子年譜》，《兩漢經學今古文平議》，頁 1～163。而
錢穆於〈劉向歆父子年譜自序〉，舉出劉歆僞造古文諸經說，不可通者，有二
十八端，〈劉向歆父子年譜自序〉，頁 1～7。

兄弟民族裏還有很多地方用了這個禮來成婚的。又如《載師》、《廛人》的重稅，《泉府》的取息，固然王莽時有相像的政令，難道戰國時代就沒有這種橫征暴斂嗎？如果不這樣，孟子爲什麼說「庖有肥肉，廐有肥馬，民有饑色，野有餓莩……爲民父母行政，不免於率獸而食人」呢？王莽喜歡厭勝固是事實，但古代社會迷信色彩的濃重是更明確的事實，即以漢代而論，武帝時的巫蠱，哀帝時的西王母籌，均先於用《周官》的王莽而存在，爲什麼要把這些神怪行動的責任獨獨歸給王莽？方氏用了「子不語：怪、力、亂、神」的標準來看古書，不知道古人原是最喜歡談怪、力、亂、神的，不然，孔子就不會提出這個問題；不然，《楚辭》里哪會有《九歌》，左丘明的書爲什麼會被人們批評作「浮夸」，荀子序官爲什麼要把巫、覡也列了進去？即如《方相氏》「蒙熊皮，黃金四目」固然可怕，可是《左傳》說：「宋公享晉侯于楚丘，請以《桑林》。……舞師題以旌夏，晉侯懼而退入于房。去旌，卒享而還。」（襄十年）《桑林》是商代的舞樂，晉悼公過宋國，宋平公欵待他，請他看《桑林》，本是迎賓的一種好意，卻嚇得他逃進了房，足見這個舞樂的道具一定有非常可怪的樣子。〔……〕《周官》裏用了水怪罔象之名作爲官名，叫這個官去驅遂木石之怪罔兩，那麼他必然覺得自己應該先扮個怪物的樣子，然後可以達成這個嚇退真怪物的任務，所以蒙熊皮而黃金四目正是必要的裝扮，哪能一定說是到了王莽當政的時候才會這樣做？至於《壺涿氏》的殺水蟲之神，神死而淵爲陵，《庭氏》用了救日之弓和救月之矢去射看不見的妖鳥，拿了太陰之弓和枉矢去射妖鳥之神，說不定竟是民俗學上極重要的資料，它保存了古代的真事實和真想像呢。

以上所說，可以看出方苞所決定的劉歆竄入《周官》的幾條很少是可信的。他用了後代的思想來判別古代文籍的真僞，是他的非歷史主義的表現。〔註112〕

錢穆也說：

　　按：《周官》之書，有繩以後世之事而絕不可通者，如此所引〈媒氏〉

會男女，及〈方相〉、〈蜡蔟〉、〈庭氏〉諸職，轉見是古人眞相，明
其書實有據，非盡憑空杜撰，又決非出漢後也。方氏繩以後世之見，
怪其不可通，因疑爲歆之僞竄。凡莽秕政纇行，歆必一一屢其似於
《周官》焉。然則又非以《周官》佐莽篡，竟以《周官》飾莽非矣。
〔註113〕

可知方苞將《周禮》中，其認爲不合聖人之道的亂政、妖妄愚誣諸事附合王
莽事蹟，指爲劉歆所增竄，並不能使人皆信服。周中孚說：

蓋與明金德溫瑤《周禮述注》、本朝萬充宗斯大《周官辨非》皆若親
得周公舊本，一一互校而知者，其無稽更不足辨矣。〔註114〕

周中孚以方苞認爲劉歆增竄《周禮》，譏其「若親得周公舊本，一一互校而知
者，其無稽更不足辨矣。」倫明也說：

書中論《三禮》諸篇，於意所不合者，硬以爲劉歆竄入。其見於《書
序》、《荀子》、《史記》，顯然有證者，則概以爲歆所竄入。從來說經，
未有如此武斷者。〔註115〕

倫明認爲方苞「從來說經，未有如此武斷者。」方苞所指，雖然不能成立，
然而有其寓意在，如方苞說：

凡疑《周官》爲僞作者，非道聽途說，而未嘗一用其心，即粗用其
心，而未能究乎事理之實者也。然其間決不可信者，實有數事焉。（〈周
官辨僞一〉，頁418。）

方苞認爲「然其間決不可信者，實有數事焉」，此數事也是其不能接受的污亂
怪誕之處。方苞又說：

逢莽之惡，而假《周官》之法以浚民者，劉歆之罪也。重安石之誤，
使襲迹於莽而不悟者，康成之過也。〔……〕甚矣！治經者之不可
以不聞道也。程、朱二子於禮之節文，間有考之未詳，持之未當者，
至于修身治世之本原，則與古昔聖人精神相憑依，而無一事一言之
不合。康成于《三禮》之學勤矣。其間名目度數，參互考證，亦可
謂能竭其思慮者矣。而乃以亂世之事誣先王之經，以遺毒於後世，

〔註113〕錢穆撰：《劉向歆父子年譜》，《兩漢經學今古文平議》（臺北：東大圖書公司，
1971年8月，1983年9月臺3版），頁153～154。
〔註114〕〔清〕周中孚《鄭堂讀書記》卷三，葉十上。
〔註115〕中國社會科學院整理：《續修四庫全書總目提要》（北京：中華書局，1993
年7月），經部，羣經總義類，《《讀經》一卷》，頁1331。

惜乎朱子既發是經之覆，以爲周公運用天理爛熟之書，而於康成悖
道賊經之說，未嘗辭而闢之也。（〈周官辨惑一〉，頁 422～423。）

方苞不只認爲辨別《周禮》的增竄爲經學問題，而認爲鄭玄「以亂世之事誣
先王之經，以遺毒於後世。」如其不分辨，更影響深遠及於政治，即所謂「逢
莽之惡，而假《周官》之法以浚民者，劉歆之罪也。重安石之誤，使襲迹於
莽而不悟者，康成之過也。」〔註116〕而《四庫全書總目》說：

芭乃力詆經文，亦爲勇於自信。蓋芭徒見王莽、王安石之假借經文
以行私，故鰓鰓然預杜其源，其立意不爲不善。而不知弊在後人之
依託，不在聖人之制作。曹操復古九州以自廣其封域，可因以議〈禹
貢〉冀州失之過廣乎？〔註117〕

《四庫全書總目》認爲方苞「勇於自信。」因方苞只見「王莽、王安石之假
借經文以行私，故鰓鰓然預杜其源」，方苞的立意不可爲不善。但是其不知道
弊病在於後人的依託經典，不在於聖人的制作。吳孟復說：

今按方苞所刪皆其中有「厚斂」於民或導淫、迷信之處，意在防止
暴君、權臣及嗜利、倖進之徒之借口。〔註118〕

方苞以《周禮》中，其所認爲的不合聖人治教的內容，指爲劉歆爲助王莽的
亂政、妖妄愚誣之事而增竄，雖有其立論根據，但是並不能爲後人所信服。

〔註116〕而方苞也認爲經義解釋不當，甚至會導致亡國之禍。如〔清〕方苞撰：《周官辨》，
〈周官辨惑二〉，頁425 說：「自康成於王日一舉，辭不別白。《疏》者以爲日舉
太牢，共百二十罋之醯醢，而安石因之有備物之說。自康成以王、后、世子不
會爲優尊者，安石張之，而京與貫、黼以速北宋之亡。鳴呼！經義之不明，其
禍遂至於斯極夫！然在鄭氏、貫氏特訓釋之疎耳，若安石則心術隱微之病也。」
〔註117〕〔清〕紀昀、陸錫熊、孫士毅等纂修，《四庫全書》研究所整理：《欽定四庫
全書總目》〔整理本〕，（北京：中華書局，1997 年 1 月），卷二十三，經部二
十三，禮類存目一，《周官析疑》三十六卷《考工記析義》四卷〉，頁294。
〔註118〕吳孟復撰：《桐城文派述論》（合肥：安徽教育出版社，2001 年 7 月），頁 58。

第七章　結　論

　　歷來對方苞的探究，過於注重其文學方面。其實方苞的學術以經學為根本，不但為其個人所強調。要探究方苞，也應首先注意其經學，而不是只將其當做是一個文人而已。〔註 1〕而其經學尤其致力於《周禮》與《春秋》。而關於其《周禮》，提出劉歆增竄《周禮》的說法，尤為後來所注意，而其他則較少被討論。因此筆者以方苞《周禮》經學為題，冀能盡一己綿薄之力，以儘量探究其《周禮》學的面貌。方苞注重義理，略訓詁的學術風格與宗旨，也與後來興起的漢學重考訂名物訓詁有很大的差異。而對於方苞經學的評價，推崇的多是其朋友或弟子，如：其友人韓菼（1637～1704）說：

　　　　以一心貫穿數千年古書，六通四辟，使程、朱並世得斯人往復議論，
　　　　則諸經之覆，所發必增倍矣。

蔡世遠（1682～1733）說：

　　　　其說皆前古所未有，而按以經義，揆之事理，無一不合於人心之同
　　　　然，此之謂言立。

陳宏謀（1696～1771）說：

　　　　望溪經說，不惟經義開明，可以蕩滌人心之邪穢，維持禮俗。

胡宗緒說：

　　　　望溪說經文，宋五子之意皆在其中，而文更拔出六家之上。余嘗謂
　　　　方子乃七百年一見之人，知者當不以為過其實也。

〔註 1〕　如劉大櫆〈祭望溪先生文〉，〔清〕劉大櫆撰，吳孟復選注：《劉大櫆文選》（合
　　　　肥：黃山書社，1985 年 7 月），頁 164 說：「至於文章，乃公緒餘。然其所為，
　　　　鬼闞神敷。燔剝六藝，炙剔膏腴。」

弟子黃世成說：

> 究宣聖制，釋千古之疑。言有始出而可信，其與天壤相敝者，此類
> 是也。〔註2〕

其評價多以義理為判斷，而有的或稍嫌溢美與誇大，但是可說是當時的學術風氣如此。而與方苞同時的全祖望已指出方苞「不讀雜書，頗類程子，即如《史》、《漢》，侍郎但愛觀其文章，而於考據，則弗及也。」、「不長於稽古」，〔註3〕即以其不專於考據。而方苞的學術風格受到後來漢學家的猛烈攻擊。如錢大昕（1728～1804）說：

> 望溪以古文自命，意不可一世，惟臨川李巨來輕之。望溪嘗攜所作
> 〈曾祖墓銘〉示李，纔閱一行，即還之。望溪恚曰：「某文竟不足一
> 寓目乎！」曰：「然。」望溪益恚，請其說。李曰：「今縣以桐名者
> 有五：桐鄉、桐廬、桐栢、桐梓，不獨桐城也。省桐城而曰桐，後
> 世誰知為桐城者？此之不講，何以言文！」望溪默然者久之，然卒
> 不肯改。其護前如此。金壇王若霖嘗言：「靈皋以古文為時文，以時
> 文為古文。」論者以為深中望溪之病。偶讀望溪文，因記所聞於前
> 者。〔註4〕

又說：「若方氏乃不讀書之甚者。」〔註5〕

〔註2〕 韓菼、蔡世遠、陳宏謀、胡宗緒評語，〔清〕方苞撰，劉季高點校：《方苞集》（上海：上海古籍出版社，1983 年 5 月），附錄二，頁 901～902。蔡世遠評語也載於《周官辨》（上海：上海古籍出版社，1995 年，《續修四庫全書》第 79 冊，經部・禮類，據華東師範大學圖書館藏清乾隆刻本影印），〈周官辨僞一〉文後，頁 420，作「其說皆前古所未有，而按以經義，揆之事理，無一不即乎人心，此之謂言立。」黃世成評語，《周官辨》，〈周官辨惑六〉文後，受業黃世成，頁 433。

〔註3〕 〔清〕全祖望撰，朱鑄禹彙校集注：《全祖望集彙校集注》（上海：上海古籍出版社，2000 年 12 月），《經史問答》卷五，〈三禮問目答全藻〉，頁 1929，頁 1933。

〔註4〕 〔清〕錢大昕撰，陳文和點校：《潛研堂文集》，陳文和主編：《嘉定錢大昕全集》（南京：江蘇古籍出版社，1997 年 11 月），第 9 冊，卷三十一，〈跋方望溪文〉，頁 536～537。蕭穆〈書錢辛楣跋方望溪文後〉以錢大昕所述李紱對方苞之事，為輕據傳聞，與事實不符，而王澍（字若霖）為方苞友人，情誼也好，其也並不是輕鄙方苞的人。可詳參〔清〕蕭穆撰，項純文點校：《敬孚類稿》（合肥：黃山書社，1992 年 2 月），〈補遺〉，卷一，頁 469～470。

〔註5〕 〔清〕錢大昕撰，陳文和點校：《潛研堂文集》，陳文和主編：《嘉定錢大昕全集》，第 9 冊，卷三十三，〈與友人書〉，頁 576。此文也提到王澍之語。

汪中（1744～1794）：

> 所極罵者一二人，皆負當世盛名，人或規之，則應曰：「吾所罵者皆
> 非不知古今者，蓋惡莠恐其亂苗也。若方苞、袁枚輩，豈屑屑罵之
> 哉！」其傲兀類如此。然於學術知條理者，未嘗不推挹之。〔註6〕

江藩說：

> 至國朝，如萬斯大，蔡德晉、盛百二雖深於《禮經》，然或取古注，
> 或參妄說，吾未取焉；方苞輩則更不足道矣。〔註7〕

汪喜孫（1786～1848）說：

> 方靈皋以時文為古文《三禮》之學，等之自鄶以下。〔註8〕

其評價皆是負面〔註9〕，而其後如李慈銘（1830～1894）也曾受這些負面批評
所影響，而一度輕鄙方苞。〔註10〕關於方苞的評價，兩方差異如此之大。而
針對漢學家的負面批評，桐城後學戴鈞衡反駁說：

> 乾、嘉時，漢學攷證家矜其強記博聞，往往以細故微誤，指斥先生
> 經說并及文章；而卒其所自為者，瑣碎支離、悖義傷道。其優者，
> 亦第分學中格物之一端，於聖道為識小，求其開通義理，周浹旁皇，
> 如先生之有益於學者身心實用，不可得焉；而其文章餒餒滯拙，更
> 無當作者。平心論之，宇宙間無今漢學家，不過名物、象數、音韻、
> 訓詁未能剖晰精微，而於誠、正、修、齊、治、平之道無損也；而
> 確守程、朱如先生者，多一人則道著一方，遂以昌明於一代。先後
> 承學之士，私淑之徒，猶能把其緒餘，端其趨往，即用以讀漢學家
> 書，亦能辨精粗，知去取，不流為尾瑣無用之學。彼世之譏先生者，
> 自謂能傲以所不知，而豈知彼之所知，以先生之學衡之，固不必其

〔註6〕　〔清〕凌廷堪撰，王文錦點校：《校禮堂文集》（北京：中華書局，1998 年 2
　　　　月），卷三十五，頁 320。

〔註7〕　〔清〕江藩撰，鍾哲整理：《國朝漢學師承記，附國朝經師經義目錄、國朝宋
　　　　學淵源記》，《國朝經師經義目錄》，〈禮〉，頁 142。

〔註8〕　同前註，《國朝漢學師承記》汪喜孫〈跋〉，頁 134。

〔註9〕　可參考朱維錚〈漢學與反漢學——江藩的《漢學師承記》、《宋學淵源記》和
　　　　方東樹的《漢學商兌》〉，朱維錚撰：《中國經學史十講》（上海：復旦大學出
　　　　版社，2002 年 10 月，2003 年 3 月第 2 次印刷），頁 126～162。

〔註10〕　〔清〕李慈銘撰，由雲龍輯，上海書店出版社重編：《越縵堂讀書記》（上海：
　　　　上海書店出版社，2000 年 7 月），〈方望溪集　清方苞撰〉，頁 1001 說：「余二
　　　　十年前讀之，多為浮氣所中，又過信錢竹汀、汪容甫諸公之言，頗輕視之，
　　　　故自後從不寓目，此以知讀書貴晚年也。」

皆知者哉！〔註11〕

戴鈞衡不滿乾嘉漢學家以「細故微誤」指斥方苞，而其說：「平心論之，宇宙間無今漢學家，不過名物、象數、音韻、訓詁未能剖晰精微，而於誠、正、修、齊、治、平之道無損也。」其注重的是義理，而不是瑣碎的考證。而即使名物訓故詁未能考證精微，於身心性命之大道也是無損的。

而今人吳孟復也對方苞的經學表示肯定：

> 方苞之治《三禮》，在清人中是較早的。《三禮》在考證家視爲絕學，而方苞實開其先；其校訂訛誤，又開王、段（見後）。

> 他以治經爲治世之具，故與漢學家之單純考史者不同。其〈讀孟子〉，稱孟子之「養民」、「教民」；其《周官餘論》更欲變革「元明以來」之制。故全祖望稱其「拳拳爲斯世斯民之心」未能盡爲時人所認識。〔註12〕蓋方苞著作太多，用意又甚深甚細，自非淺嘗耳食者所能窺見，此尚有待深入鑽研。而淺嘗耳食者反詆方苞爲空殊，尤爲失實。《三禮》爲最難讀之書，元明兩代，無人問津，清之通治《三禮》者當以方苞爲最早，遂開乾嘉之先河。至於敢於疑經，自今視之，正宋儒之長處；方苞並兼取了漢宋之長。又如王念孫父子校改《莊子‧山木》中「舜之將死，眞冷禹曰」之「眞冷」爲「乃命」，言漢學者驚爲神悟，實則方苞集中〈與閻若璩書〉早已言之（他以「眞冷」爲「遺命」）〔註13〕

吳孟復以方苞治《三禮》在清代爲較早，開風氣之先。此清代劉大櫆已有言：

> 《周官》、《士禮》久荒不鉏，斫璞出玉，朗然蚌珠。一言之立，百世可孚。從祀闕里，亦其宜歟！〔註14〕

而吳氏又舉〈與閻若璩書〉中校勘《莊子‧山木》，較漢學家爲先，此詳第五章，第三節所述。

〔註11〕〔清〕方苞撰，劉季高點校：《方苞集》，附錄三，〈各家序跋〉，〈方望溪先生集外文補遺序〉，頁914。

〔註12〕〔清〕全祖望撰，朱鑄禹彙校集注：《全祖望集彙校集注》（上海：上海古籍出版社，2000年12月），《鮚埼亭集》卷十七，頁305～306說：「若其惓惓爲斯世斯民之故，而不得一遂其志者，則非惟不足以知之，且從而掊擊之，其亦悖矣。」

〔註13〕吳孟復撰：《桐城文派述論》（合肥：安徽教育出版社，2001年7月），頁23，頁59。

〔註14〕〔清〕劉大櫆撰，吳孟復選注：《劉大櫆文選》，〈祭望溪先生文〉，頁164。

　　而對於方苞，不應受過度揄揚與過度菲薄之論的影響，應該就方苞本身來探究。筆者透過對方苞《周禮》學的考察，如其參與纂修《三禮義疏》，提出六類條例，成爲後來《三禮義疏》的體例基礎，其也通過條例的實踐，依性質類別編排諸經說，使學者於基本的經義，與歷代說法的異同得失，有較通盤的了解，也影響了時人，如程廷祚與沈淑的著作。而其主編的《周官義疏》也深受其觀念影響。而方苞於《周禮》重要的觀點，如關於《周禮》名義，主張依其記載官制的性質，復其《周官》的舊名；以〈考工記〉非《周禮》原書所有，將其與《周禮》分別，但並不否認〈考工記〉的價值；與《周禮》、六官、〈考工記〉的意義等，與以《周禮》本有〈多官〉而亡佚，反駁〈多官〉未亡說，〈多官〉混入〈地官〉之說，與講求《周禮》的實用經世，闡發《周禮》中的聖人之治。

　　方苞的解經方法，如集眾家之說，雖大量徵引宋代學者之說，但不過於偏主，而以其說之是者爲主；徵引諸家說，多約其大意，而簡單扼要。而對前人說法的態度，大致有反駁，申其己說；同意；存疑等。而對於一般認爲方苞尊程、朱義理，排詆鄭玄《注》。其實，方苞於《注》、《疏》之說，也有同意者，只是較少，而《周官集注》於解釋名詞大意時，也多引《注》、《疏》之說；而其也有以程、朱之說爲誤者，只是其也較少，可知方苞並不是極端反對鄭玄《注》。而方苞對《周禮》本文的校勘，雖然不免有證據不足之處，然而也有若干說法論證合理，判斷實屬有識，而開後來漢學家說法之先的。而方苞也表現出回歸經典的傾向，如運用以經解經，通貫全經與義理解經，以闡發《周禮》的意義與其內在聯繫。方苞也通過其辨僞方法，以其懷疑《周禮》中，不合聖人之理與妖妄愚污之事，而其透過與《漢書‧王莽傳》對照，與覆按經之本文，辨別劉歆增竄之處。而方苞的《周禮》辨僞，有其特別之處。以其認爲《周禮》爲周公之作，而中有劉歆增竄。而方苞辨僞，也非如一般所認爲一開始就認爲劉歆增竄，而有其思想進程。方苞的《周禮》學雖不被甚稱於後世，其以劉歆增竄《周禮》也不可信。然而如上所述，應也有其價值在。

附　表

附表一　《欽定三禮義疏》纂修人員表

　　以下以表格列出監理、總裁、副總裁、纂修等六十五人，其餘則略。本表格人名排名順序一依〈乾隆十九年閏四月二十五日奉旨開列《欽定三禮義疏》監理、總裁、校對、分修、校刊諸臣職名〉所列。補列的人名列於該人所屬職名的最末欄，人名前並加※號以識之。

職　位	人　　名	備　　註
監　理		
1	和碩莊親王允祿	清聖祖第十六子〔註1〕
2	和碩果親王弘曕	清世宗第六子〔註2〕
總　裁		
3	鄂爾泰	
4	張廷玉	
5	朱軾	
6	甘汝來	

〔註1〕　清制，一般而言，皇子早殤，則不入排行。允祿本是清聖祖第二十六子，聖祖皇子共三十五人，十一人早殤。可參考唐邦治撰：《清皇室四譜》，張舜徽主編：《二十五史三編》（長沙：岳麓書社，1994年12月），第9冊，卷三，頁833與頁835，〈按語〉。清世宗雍正帝名胤禛，即位後，命其兄弟名中的「胤」改爲「允」，以表示避諱。

〔註2〕　弘曕本是清世宗第十子，世宗皇子共十人，四人早殤。可參考唐邦治撰：《清皇室四譜》，張舜徽主編：《二十五史三編》（長沙：岳麓書社，1994年12月），第9冊，卷三，頁836，及同頁，〈按語〉。

副總裁		
7	汪由敦	
8	尹繼善	
9	陳大受	
10	楊名時	
11	徐元夢	
12	彭維新	
13	李清植	
14	王蘭生	
15	李紱	
16	任啓運	
17	方苞	
18	※周學健	乾隆五年（1740）補任副總裁。
纂　修		
19	諸錦	
20	朱佩蓮	
21	王太岳	
22	李英	
23	錢維城	
24	胡中藻	
25	徐以升	
26	熊暉吉	
27	惠士奇	
28	徐用錫	
29	楊述曾	
30	宋邦綏	
31	梁國治	
32	官獻瑤	
33	葉酉	
34	程恂	
35	李龍官	
36	吳紱	

37	何其睿	
38	張爲儀	
39	姚範	
40	潘乙震	
41	湯大紳	
42	羅暹春	
43	出科聯	
44	王康佐	
45	宋照	
46	趙青藜	
47	杭世駿	
48	李友棠	
49	陳顧瀓	
50	王文清	
51	鍾琬	
52	潘永季	
53	蔡德晉	
54	李光壂	
55	徐鐸	
56	王錦	
57	吳廷華	
58	王文震	
59	潘汝誠	
60	王士讓	
61	姚汝金	
62	姜兆錫	
63	陶敬信	
64	方天游	後改姓胡。〔註3〕
65	※沈彤	乾隆元年（1736）應博學鴻詞科，未錄取。方苞將沈彤薦入三禮館修書。書成，授九品官，不就。

〔註3〕 可參考趙爾巽等撰：《清史稿》（北京：中華書局，1998年1月），卷四百八十五，列傳二百七十二，文苑傳二，〈胡天游傳〉，頁13382。

附表二 《欽定三禮義疏》引用各家姓氏表

本表依據《欽定周官義疏》、《儀禮義疏》、《禮記義疏》各書前〈引用姓氏〉製作，個別爲求適當而更改處，詳於該項註釋中。

一、《周官義疏》

時　代	姓　　氏
漢　代	
1	司馬遷
2	孔安國
3	毛萇
4	劉安
5	京房
6	劉向
7	揚雄
8	劉歆
9	杜子春
10	班固
11	賈逵
12	鄭興
13	鄭眾
14	馬融
15	盧植
16	許愼
17	服虔
18	鄭玄
19	何休
20	應劭
21	劉熙
22	徐幹
23	李巡

三　國〔註4〕（吳）	
24	虞翻
25	陸績
26	韋昭
三　國（魏）	
27	王肅
晉　代	
28	杜預
29	干寶
30	郭璞
南朝宋〔註5〕	
31	范曄
南朝梁〔註6〕	
32	沈峻
33	崔靈恩
北　魏	
34	酈道元
35	李謐
36	呂忱
隋　代	
37	王通
唐　代	
38	魏徵
39	陸德明
40	顏師古
41	孔穎達

〔註4〕　《欽定周官義疏》（臺北：臺灣商務印書館 1983 年景印清乾隆間寫《文淵閣四庫全書》第 98 冊），〈引用姓氏〉，頁 8，將虞翻、陸績、王肅、韋昭等置於「漢」代，今爲時代確切，改置於「三國」時代。《儀禮義疏》與《禮記義疏》於此處，更改情形也同，不另出註。

〔註5〕　《欽定周官義疏》，〈引用姓氏〉，頁 8，標爲「宋」，爲與後「宋」代作區別，改爲「南朝宋」。

〔註6〕　同前註，標爲「梁」，改爲「南朝梁」。而南朝「宋」、「齊」、「梁」等時代，《儀禮義疏》與《禮記義疏》，更改情形也同，不另出註。

42	賈公彥
43	司馬貞
44	趙匡
45	杜佑
46	孫恬
47	成伯璵 〔註7〕
宋　代	
48	邢昺
49	聶崇義
50	陳襄
51	胡瑗
52	石介
53	歐陽修
54	劉敞
55	范鎮
56	司馬光
57	王安石
58	劉彝
59	周敦頤
60	張載
61	程顥
62	程頤
63	范祖禹
64	陸佃
65	曾鞏
66	蘇軾
67	蘇轍
68	沈括
69	陳祥道
70	陳暘
71	楊時

〔註7〕 同前註，頁9，作「成伯瑜，一作伯璵。」

72	呂大臨
73	呂大鈞
74	謝良佐
75	李覯
76	葉夢得
77	劉恕
78	胡安國
79	胡宏
80	夏休
81	胡銓
82	王昭禹
83	鄭樵
84	程迥
85	林勛
86	陳彥羣
87	朱熹
88	林之奇
89	呂祖謙
90	陳傅良
91	張栻
92	項安世
93	薛季宣
94	鄭伯熊
95	葉時
96	俞廷椿
97	王炎
98	蔡元定
99	蔡沈
100	黃幹
101	陳淳
102	鄭鍔
103	史浩

104	方愨
105	劉迎
106	楊簡
107	楊恪
108	陳汲
109	鄭伯謙
110	李叔寶
111	葉適
112	易祓
113	薛衡
114	曹叔遠
115	林椅
116	陳汪
117	趙溥
118	李嘉會
119	孫之宏
120	楊復
121	晁公武
122	眞德秀
123	魏了翁
124	王與之
125	李如圭
126	章如愚
127	王應麟
128	朱申
129	歐陽謙之
130	毛彥清
131	毛一清
132	嚴粲
133	林希逸
134	王十朋《周禮詳說》〔註8〕

〔註8〕 同前註，頁 11，「王氏《詳説》」下説：「《溫州府志》：『樂清王十朋著《周禮

135	《禮圖說》
136	《禮庫》〔註9〕
137	唐氏
138	毛氏〔註10〕
元　代	
139	馬端臨
140	吳澂〔註11〕
141	劉瑾
142	毛應龍
143	敖繼公
144	丘葵
145	陳友仁
明　代	
146	朱升
147	梁寅
148	薛瑄
149	丘濬
150	何喬新
151	舒芬
152	王鏊
153	楊愼
154	魏校
155	李如玉
156	陳深
157	金瑤
158	郎兆玉
159	歸有光

詳說》。』」

〔註9〕 同前註，頁12，「《禮庫》」下說：「以上二書，王與之《訂義》所採，未著作者姓名。」

〔註10〕 同前註，「毛氏」下說：「以上二人，《訂義》所採，未著其名。」指唐氏與毛氏二人。

〔註11〕 一作吳澄。

160	王樵
161	柯尙遷
162	王應電
163	唐樞
164	孫攀
165	鄧元錫
166	郝敬
167	全賜
168	柯潛
169	郭良翰
170	王志長
171	張采
172	《雜說》
173	《周禮菁華》
174	《官制》〔註12〕

二、《儀禮義疏》

時　代	姓　氏
周　代	
1	荀況
秦　代	
2	孔鮒
漢　代	
3	董仲舒
4	毛萇
5	司馬遷
6	孔安國
7	王吉
8	戴德

〔註12〕同前註，頁13說：「以上三書，王志長《刪翼》所採，未著作者姓名，又《刪翼》中多有有氏無名者。」指《雜說》、《周禮菁華》、《官制》三書。

9	戴聖
10	韋玄成
11	蕭望之
12	聞人通漢
13	匡衡
14	師丹
15	劉向
16	劉歆
17	杜子春
18	班固
19	賈逵
20	鄭興
21	鄭眾
22	馬融
23	許慎
24	王充
25	服虔
26	盧植
27	鄭玄
28	趙商
29	趙岐
30	何休
31	應劭
32	阮諶
33	劉熙〔註13〕

〔註13〕《欽定儀禮義疏》（臺北：臺灣商務印書館 1983 年景印清乾隆間寫《文淵閣
四庫全書》第 106 冊），〈引用姓氏〉，頁 5，「劉氏熙成國」下說：「以下三國
時人，依《周易折中》之例附於漢末。」之後依序有田瓊、王肅、孫炎、徐
幹、譙周、韋昭、射慈、徐整等。田瓊、王肅、孫炎爲三國魏人；譙周爲三
國蜀漢人；韋昭、射慈、徐整爲三國吳人，茲改置於「三國」時代。

34	徐幹〔註14〕
三國（魏）	
35	田瓊
36	王肅
37	孫炎
三國（蜀漢）	
38	譙周
三國（吳）	
39	韋昭
40	射慈
41	徐整
晉　代	
42	羊祜
43	杜預
44	摯虞
45	荀顗
46	淳于睿
47	鄭昕
48	習鑿齒
49	束晢
50	孫毓

〔註14〕 徐幹爲建安七子之一，建安爲東漢獻帝年號，共二十五年。孔融、王粲、徐幹、
陳琳、阮瑀、應瑒、劉楨，活動於建安年間，世稱建安七子。七子多爲曹氏父
子僚屬，並爲其所招攬的文人團體，彼此關係密切。大概是如此，故《欽定儀
禮義疏》，〈引用姓氏〉，頁5，以徐幹爲三國時人，並依《周易折中》之例附於
漢末。在文學史上也常將建安文學歸到魏代來談。可參考如王忠林等撰：《增訂
中國文學史初稿》（臺北：福記文化圖書公司，1978年11月，1998年10月增
訂5版），第三編，〈魏晉南北朝文學〉，第一章，〈建安詩歌與正始詩歌〉，第一
節，〈建安詩歌〉，頁285～304。葉慶炳撰：《中國文學史》（臺北：臺灣學生書
局，1987年8月），第九講，〈魏代文學〉，頁117～140。徐幹事蹟載於《三國
志·魏書》卷二十一，王粲傳附傳。同傳還有陳琳、阮瑀、應瑒、劉楨等人事
蹟。孔融，《後漢書》卷七十有傳。然而徐幹卒於東漢獻帝建安二十二年（217）。
王粲、陳琳、應瑒、劉楨皆卒於同年。孔融卒於建安十三年（208）。阮瑀卒於
建安十七年（212）。雖然當時爲曹氏當權，但朝代還是東漢，故改置徐幹於劉
熙後。可參考吳小如〈慎勿失之毫釐〉，《中華讀書報》2000年11月22日。

51	郭璞
52	范甯
53	虞喜
54	袁準
55	賀循
56	徐邈
57	許猛
58	綦毋邃
59	劉智
60	吳商
61	劉玢
62	江彪
63	陳銓〔註15〕
南朝宋	
64	雷次宗
65	虞蔚之
66	崔凱
南朝齊	
67	徐孝嗣
南朝梁	
68	賀瑒
69	崔靈恩
70	徐勉
71	周捨
72	皇侃〔註16〕
北 魏	
73	徐遵明
74	劉芳

〔註15〕《欽定儀禮義疏》,〈引用姓氏〉,頁6,「陳氏銓」下說:「《隋書・經籍志》載〈喪服經傳〉一卷,陳銓注。陸德明云:『不詳何人,今附於此。』」

〔註16〕同前註,「皇氏侃　吳郡」下說:「孔穎達《《禮記正義》序〉作皇甫侃。《梁書》、《南史》俱作皇侃。」

75	呂忱〔註17〕
北　齊	
76	熊安生
隋　代	
77	王通
78	焦氏〔註18〕
唐　代	
79	陸德明
80	魏徵
81	長孫無忌
82	孔穎達
83	賈公彥
84	顏師古
85	張九齡
86	裴耀卿
87	韋述
88	崔沔
89	徐堅
90	李涪
91	杜佑
92	趙匡
93	楊倞
94	韓愈
95	張鎰〔註19〕
宋　代	
96	聶崇義
97	邢昺
98	歐陽修

〔註17〕同前註,「呂氏忱,一作諶。」
〔註18〕同前註,「焦氏」下說:「〈曲禮〉孔疏引焦氏《答崇精問》,不詳何時人,今附於此。」
〔註19〕同前註,頁7,「張氏鎰」下說:「聶崇義據六家圖作《三禮圖》。張鎰其一家也,今附於此。」

99	曾鞏
100	劉敞
101	劉攽
102	司馬光
103	陳師道
104	王昭禹
105	方愨
106	馬晞孟
107	劉彞
108	彭思永
109	陸佃
110	周敦頤
111	程顥
112	程頤
113	張載
114	范祖禹
115	晁說之
116	沈括
117	呂大臨
118	呂大鈞
119	楊時
120	陳祥道
121	陳暘
122	葉夢得
123	胡安國
124	張淳
125	胡銓
126	應鏞
127	高閌
128	程大昌
129	范處義
130	鄭樵
131	胡寅

132	胡宏
133	張栻
134	呂祖謙
135	朱熹
136	薛季宣
137	黃度
138	羅願
139	葉時
140	鄭鍔
141	蔡元定
142	李如圭
143	黃榦
144	輔廣
145	蔡沈
146	葛勝仲
147	楊復
148	楊簡
149	朱在
150	陳汲
151	晁公武
152	眞德秀
153	魏了翁
154	王與之
155	李心傳
156	嚴粲
157	易祓
158	王應麟
159	馬廷鸞
160	林希逸
元　代	
161	馬端臨
162	敖繼公
163	吳澄
164	金履祥

165	熊朋來
166	陳澔
167	陳櫟
168	虞集
169	張養浩
明　代	
170	汪克寬
171	宋濂
172	馮善
173	邵寶
174	邱濬
175	黃潤玉
176	王廷相
177	呂柟
178	楊廷和
179	薛蕙
180	何孟春
181	楊慎
182	楊繼盛
183	魏校
184	湛若水
185	歸有光
186	鄧元錫
187	姜寶
188	朱載堉
189	王應電
190	郝敬
191	呂坤
192	王志長
193	黃乾行
194	劉績
195	黃叔暘〔註20〕

〔註20〕同前註，頁 10，「黃氏叔暘」下說：「以上二人未詳世次，今附於此。」指劉
　　　續與黃叔暘二人。

三、《禮記義疏》

時　代	姓　氏
周　代	
1	荀況
漢　代	
2	董仲舒
3	毛萇
4	司馬遷
5	孔安國
6	戴德
7	戴聖
8	劉向
9	劉歆
10	杜子春
11	班固
12	賈逵
13	仲長統
14	鄭興
15	鄭眾
16	馬融
17	許慎
18	服虔
19	盧植
20	何休
21	鄭玄
22	趙岐
23	蔡邕
24	高誘
25	應劭
26	劉熙
三國（魏）	
27	李巡

28	田瓊
29	王肅
30	孫炎
31	蘇林
32	何晏〔註21〕
三國（蜀漢）	
33	譙周
三國（吳）	
34	韋昭
35	射慈
晉　代	
36	杜預
37	孫毓
38	郭璞
39	范甯
40	傅咸
41	賀循
42	徐邈
43	劉智
南朝宋	
44	庾蔚之
45	范曄
南朝梁	
46	賀瑒
47	崔靈恩
48	何胤
49	皇侃〔註22〕

〔註21〕《欽定禮記義疏》（臺北：臺灣商務印書館 1983 年景印清乾隆間寫《文淵閣四庫全書》第 124 冊），〈引用姓氏〉，頁 6，何晏原在射慈下，何晏爲三國魏人，爲了區分，茲移置何晏於蘇林下。

〔註22〕同前註，頁 7，「皇氏侃，一作皇甫　吳郡。」

北　魏	
50	徐遵明
51	李謐
52	袁翻
北　齊	
53	熊安生
隋　代	
54	王通
唐　代	
55	陸德明
56	魏徵
57	孔穎達
58	賈公彥
59	顏師古
60	張守節
61	杜佑
62	趙匡
63	邱光庭
64	韓愈
65	柳宗元
66	成伯璵
宋　代	
67	聶崇義
68	孫奭
69	邢昺
70	歐陽修
71	曾鞏
72	劉敞
73	劉攽
74	司馬光
75	王安石
76	何洵直

77	王昭禹
78	方愨
79	馬晞孟
80	劉彝
81	李格非
82	陸佃
83	劉安世
84	周敦頤
85	程顥
86	程頤
87	張載
88	范祖禹
89	蘇軾
90	顧臨
91	劉恕
92	黃敏求
93	黃裳
94	周諝
95	呂大臨
96	周行己
97	呂希哲
98	彭汝礪
99	李覯
100	晁說之
101	沈括
102	楊時
103	陳祥道
104	陳暘
105	胡安國
106	范成大
107	葉夢得
108	慕容彥逢

109	胡銓
110	應鏞
111	高閌
112	程迥
113	程大昌
114	鄭樵
115	洪适
116	洪邁
117	王蘋
118	林之奇
119	高文彪
120	胡寅
121	胡宏
122	林光朝
123	張栻
124	呂祖謙
125	朱熹
126	薛季宣
127	史浩
128	陸九淵
129	陳傅良
130	王炎
131	唐仲友
132	葉適
133	項安世
134	黃度
135	鄭鍔
136	李舜臣
137	黃榦
138	輔廣
139	蔡沈
140	楊復

141	楊簡
142	沈清臣
143	游桂
144	陳騤
145	易祓
146	葉時
147	顧元常
148	陳淳
149	林椅
150	沈煥
151	邵淵〔註23〕
152	徐自明
153	戴溪
154	祝穆
155	潘植
156	張逸
157	莊夏
158	晁公武
159	趙汝騰
160	眞德秀
161	魏了翁
162	王與之
163	范鍾
164	嚴粲
165	黃仲炎
166	李冶
167	衛湜
168	張慮
169	陳埴
170	劉孟冶
171	饒魯

〔註23〕同前註，頁 10，「邵氏淵，一作困。　萬宗　金華。」

172	王應麟
173	熊禾
174	馬廷鸞
175	朱申
176	林希逸
177	黃震
178	陳振孫
179	家鉉翁
元　代	
180	馬端臨
181	敖繼公
182	吳澄
183	金履祥
184	熊朋來
185	陳澔
186	程復心
187	陳櫟
188	彭應龍
189	戴侗
190	彭廉夫
191	虞集
192	李廉
193	彭絲
明　代	
194	劉基
195	王褘
196	汪克寬
197	方孝孺
198	邵寶
199	邱濬
200	羅欽順
201	呂柟

202	何孟春
203	魏校
204	姚舜牧
205	徐師曾
206	季本
207	王應電
208	鄧元錫
209	郝敬
210	呂坤
211	余心純
212	王圻
213	黃乾行
214	張怡
215	楊鼎熙
216	芮城
217	秦繼宗
218	何兆清
219	湯三才
220	盧翰
221	孫佖
222	晏光
223	李開
224	王石梁〔註24〕
225	吳華
226	張燧
227	史駉孫
228	毛信卿
229	蔣君實
230	胡迴
231	王子墨

〔註24〕同前註，頁12，「王氏　石梁。」不知名字，石梁應該是別號。陳澔《禮記集說》有徵引石梁王氏說。石梁王氏不詳爲何人。

232	董瑋
233	王喬桂
234	董師讓
235	詹道傳
236	董應暘
237	孫景南
238	徐氏
239	李氏
240	慮氏
241	張氏
242	彭氏
243	王氏
244	許氏〔註25〕

〔註25〕同前註，頁13，許氏後說：「以上二十四人，未詳世次，今附於此。」應指孫似至許氏二十四人。其中孫似、晏光、吳華、毛信卿、蔣君實、王子墨、孫景南、慮氏、張氏、王氏等載於衛湜《禮記集說‧集說名氏》內，應為宋代人，石梁王氏也應為宋代人。其餘十三人時代不詳。

參考書目

一、專　著

（一）經　部

1. 〔魏〕王弼注，〔晉〕韓康伯注，〔唐〕孔穎達疏，〔清〕阮元等校勘，周易注疏，臺北，藝文印書館，1997 年 8 月初版第 13 刷，影印清嘉慶二十一年江西南昌府學刊十三經注疏本。

2. 〔清〕程廷祚撰，大易擇言，臺北，商務印書館，1983 年景印清乾隆間寫文淵閣四庫全書第 52 冊。

3. 題〔漢〕孔安國傳，〔唐〕孔穎達疏，〔清〕阮元等校勘，尚書注疏，臺北，藝文印書館，1997 年 8 月初版第 13 刷，影印清嘉慶二十一年江西南昌府學刊十三經注疏本。

4. 〔漢〕毛亨撰，鄭玄箋，唐孔穎達疏，〔清〕阮元等校勘，毛詩注疏，臺北，藝文印書館，1997 年 8 月初版第 13 刷，影印清嘉慶二十一年江西南昌府學刊十三經注疏本。

5. 〔漢〕鄭玄注，〔唐〕賈公彥疏，〔清〕阮元等校勘，周禮注疏，臺北，藝文印書館，1997 年 8 月初版第 13 刷，影印清嘉慶二十一年江西南昌府學刊十三經注疏本。

6. 〔宋〕王與之，周禮訂義，臺北，臺灣商印書館，1983 年，景印清乾隆間寫文淵閣四庫全書，第 93 冊。

7. 〔宋〕俞廷椿撰，周禮復古編，臺北，臺灣商務印書館，1983 年景印清乾隆間寫文淵閣四庫全書第 91 冊。

8. 〔清〕李光坡撰，周禮述註，臺北，臺灣商務印書館，1983 年景印清乾隆間寫文淵閣四庫全書第 100 冊。

9. 〔清〕李鍾倫撰，周禮纂訓，臺北，臺灣商務印書館，1983 年景印清乾

隆間寫文淵閣四庫全書第 100 冊。

10. 〔清〕方苞撰，周官集注，臺北，臺灣商務印書館，1983 年景印清乾隆間寫文淵閣四庫全書第 101 冊。

11. 〔清〕方苞撰，周官析疑，考工記析疑，上海，上海古籍出版社，1995 年，續修四庫全書第 79 冊，經部，禮類，據華東師範大學圖書館藏清康熙六十年陳鵬（原誤為彭，今逕為改正）年，雍正九年朱軾，乾隆八年周力堂等遞刻本影印。

12. 〔清〕方苞撰，周官析疑，考工記析疑，臺南縣，莊嚴文化事業公司，1997 年 2 月，四庫全書存目叢書，經部，第 86 冊，禮類，據北京大學圖書館藏清康熙至嘉慶間刻抗希堂十六種本影印。

13. 〔清〕方苞撰，周官辨，上海，上海古籍出版社，1995 年，續修四庫全書第 79 冊，經部，禮類，據華東師範大學圖書館藏清乾隆刻本影印。

14. 〔清〕方苞撰，周官辨，臺南縣，莊嚴文化事業公司，1997 年 2 月，四庫全書存目叢書，經部，第 86 冊，禮類，據北京大學圖書館藏清康熙至嘉慶間刻抗希堂十六種本影印。

15. 〔清〕鄂爾泰等奉敕編，欽定周官義疏，臺北，臺灣商務印書館，1983 年景印清乾隆間寫文淵閣四庫全書第 98～99 冊。

16. 〔清〕官獻瑤撰，石谿讀周官，上海，上海古籍出版社，1995 年，續修四庫全書第 79 冊，經部，禮類，據中國科學院圖書館藏清道光二十五年刊本影印。

17. 〔清〕孫詒讓撰，王文錦，陳玉霞點校，周禮正義，北京，中華書局，1987 年 12 月，2000 年 3 月北京第 2 次印刷。

18. 〔清〕方苞撰，儀禮析疑，清康熙至嘉慶間刊抗希堂十六種本第三十二冊。

19. 〔清〕方苞撰，喪禮或問，清康熙至嘉慶間刊抗希堂十六種本第四十冊。

20. 〔清〕鄂爾泰等奉敕編，欽定儀禮義疏，臺北，臺灣商務印書館，1983 年景印清乾隆間寫文淵閣四庫全書第 106～107 冊。

21. 〔清〕王士讓撰，儀禮紃解，上海，上海古籍出版社，1995 年，續修四庫全書第 88 冊，經部，禮類，據北京圖書館分館藏清乾隆三十五年張源義刻本影印。

22. 〔漢〕鄭玄注，〔唐〕孔穎達疏，〔清〕阮元等校勘，禮記注疏，臺北，藝文印書館，1997 年 8 月初版第 13 刷，影印清嘉慶二十一年江西南昌府學刊十三經注疏本。

23. 〔清〕鄂爾泰等奉敕編，欽定禮記義疏，臺北，臺灣商務印書館，1983 年景印清乾隆間寫文淵閣四庫全書第 124～126 冊。

24. 〔清〕杭世駿，續禮記集說，上海，上海古籍出版社，1995 年，續修四庫全書第 101 冊，經部，禮類，據華東師範大學圖書館藏清光緒三十年浙

江書局刻本影印。

25. 劉善澤撰,三禮注漢制疏證,長沙,岳麓書社,1997 年 1 月。

26. 錢玄,錢興奇編著,三禮辭典,南京,江蘇古籍出版社,1998 年 3 月第 1 版第 2 次印刷。

27. 張壽安撰,十八世紀禮學考證的思想活力—禮教論爭與禮秩重省,臺北,中央研究院近代史研究所,2001 年 12 月。

28. 林存陽撰,清初三禮學,北京,社會科學文獻出版社,2002 年 12 月。

29. 〔周〕左丘明傳,〔晉〕杜預注,〔唐〕孔穎達疏,〔清〕阮元等校勘,春秋左傳注疏,臺北,藝文印書館,1997 年 8 月初版第 13 刷,影印清嘉慶二十一年江西南昌府學刊本十三經注疏本。

30. 〔晉〕范寧集解,〔唐〕楊士勛疏,〔清〕阮元等校勘,春秋穀梁傳注疏,臺北,藝文印書館,1997 年 8 月初版第 13 刷,影印清嘉慶二十一年江西南昌府學刊十三經注疏本。

31. 〔魏〕何晏注,〔宋〕邢昺疏,〔清〕阮元等校勘,論語注疏,臺北,藝文印書館,1997 年 8 月初版第 13 刷,影印清嘉慶二十一年江西南昌府學刊十三經注疏本。

32. 〔晉〕郭璞注,〔唐〕邢昺疏,〔清〕阮元等校勘,爾雅注疏,臺北,藝文印書館,1997 年 8 月初版第 13 刷,影印清嘉慶二十一年江西南昌府學刊十三經注疏本。

33. 〔漢〕趙岐注,題〔宋〕孫奭疏,〔清〕阮元等校勘,孟子注疏,臺北,藝文印書館,1997 年 8 月初版第 13 刷,影印清嘉慶二十一年江西南昌府學刊十三經注疏本。

34. 撰者不詳,黃懷信,張懋鎔,田旭東彙校集注,逸周書彙校集注,上海,上海古籍出版社,1995 年 12 月。

35. 〔唐〕陸德明撰,經典釋文,濟南,山東友誼書社,1991 年 10 月,苗楓林主編。

36. 孔子文化大全編輯部編輯,孔子文化大全,雜纂類。

37. 〔清〕萬斯大撰,經學五書,臺北,建新書局,出版年月不詳。

38. 朱維錚撰,中國經學史十講,上海,復旦大學出版社,2002 年 10 月,2003 年 3 月第 2 次印刷。

39. 葉國良撰,宋人疑經改經考,臺北,國立臺灣大學出版委員會,1980 年 6 月。

（二）史 部

1. 〔漢〕司馬遷撰,〔南朝宋〕裴駰集解,〔唐〕司馬貞索隱,〔唐〕張守節正義。

2. 〔日本〕瀧川龜太郎考證，史記會注考證，臺北，文史哲出版社，1997 年 10 月再版。

3. 〔漢〕班固撰，〔唐〕顏師古注，漢書，北京，中華書局，1962 年 6 月，1987 年 12 月第五次印刷。

4. 〔漢〕班固撰，陳國慶編，漢書藝文志注釋彙編，臺北，木鐸出版社，1983 年 9 月。

5. 〔唐〕魏徵，令狐德棻等撰，隋書，北京，中華書局，1973 年 8 月，1987 年 12 月第 3 次印刷。

6. 〔元〕脫脫等撰，宋史，北京，中華書局，1997 年 11 月。

7. 〔清〕張廷玉等撰，明史，北京，中華書局，1974 年 4 月，1987 年 11 月湖北第 3 次印刷。

8. 趙爾巽等撰，清史稿，北京，中華書局，1998 年 1 月。

9. 〔清〕慶桂等奉敕修，大清高宗純（乾隆）皇帝實錄，臺北，華聯出版社，1964 年 10 月。

10. 〔清〕江藩撰，鍾哲整理，國朝漢學師承記，附國朝經師經義目錄，國朝宋學淵源記，北京，中華書局，1983 年 11 月。

11. 〔清〕李富孫輯，鶴徵後錄，北京，北京出版社，2000 年 1 月，四庫未收書輯刊第 2 輯第 23 冊，據清嘉慶十五年漾葭老屋刻本影印。

12. 〔清〕李元度編，清朝先正事略，周駿富輯，清代傳記叢刊，臺北，明文書局，1985 年 5 月，第 192 冊。

13. 〔清〕戴望，顏氏學記，臺北，世界書局，1962 年 10 月。

14. 徐世昌編，清儒學案，臺北，世界書局，1979 年 4 月第 3 版。

15. 〔清〕湯斌等編，方苞訂正，徵君孫先生年譜，北京，北京圖書館出版，1999 年 4 月，北京圖書館編，北京圖書館藏珍本年譜叢刊第 65 冊，據清康熙間刻本影印。

16. 〔清〕方苞考訂，楊椿重編，湯文正公年譜定本，北京，北京圖書館出版社。

17. 1999 年 4 月，北京圖書館編，北京圖書館藏珍本年譜叢刊第 77 冊，據清乾隆八年重刻本影印。

18. 錢穆撰，劉向歆父子年譜，兩漢經學今古文平議，頁 1～163，臺北，東大圖書公司，1971 年 8 月，1983 年 9 月臺 3 版。

19. 謝巍編撰，中國歷代人物年譜考錄，北京，中華書局，1992 年 11 月。

20. 來新夏撰，近三百年人物年譜知見錄，上海，上海人民出版社，1983 年 4 月。

21. 陳鳴鐘主編，清代南京學術人物傳，南京，南京大學出版社，2003 年 10 月。

22. 劉聲木撰，徐天祥點校，桐城文學淵源考/撰述考合刊本，合肥，黃山書社，1989 年 12 月。

23. 孟醒仁撰，桐城派三祖年譜，合肥，安徽大學出版社，2003 年 5 月。

24. 許承堯撰，歙事閑譚，合肥，黃山書社，2001 年 5 月。

25. 王澄主編，揚州歷史人物辭典，南京，江蘇古籍出版社，2001 年 1 月。

26. 〔清〕紀昀，陸錫熊，孫士毅等纂修，四庫全書研究所整理：欽定四庫全書總目〔整理本〕，北京，中華書局，1997 年 1 月。

27. 〔清〕邵懿辰撰，邵章續錄，增訂四庫簡明目錄標注，上海，上海古籍出版社 1959 年 12 月，1979 年 7 月新 1 版，2000 年 7 月第 2 次印刷。

28. 胡玉縉撰，王欣夫輯，四庫全書總目提要補正，上海，上海書店出版社，1998 年 1 月中國社會科學院整理，續修四庫全書總目提要，北京，中華書局，1993 年 7 月。

29. 故宮博物院圖書館，遼寧省圖書館編著，清代內府刻書目錄解題，北京，紫禁城出版社，1995 年 9 月。

30. 〔清〕周中孚撰，鄭堂讀書記，臺北，世界書局，1960 年 11 月。

31. 〔清〕李慈銘撰，由雲龍輯，上海書店出版社重編，越縵堂讀書記，上海，上海書店出版社，2000 年 7 月。

32. 錢基博撰，古籍舉要，臺北，新文豐出版公司，1979 年 5 月。

33. 張舜徽撰，清人文集別錄，北京，中華書局，1963 年 11 月，1980 年 5 月成都第。

34. 王欣夫撰，鮑正鵠，徐鵬標點整理，蛾術軒篋存善本書錄，上海，上海古籍出版社，2002 年 12 月。

35. 謝國楨撰，江浙訪書記，上海，上海書店出版社，2004 年 1 月。

36. 國家文物事業管理局主編，中國名勝詞典第三版，上海，上海辭書出版，1997 年 7 月，1998 年 2 月第 2 次印刷。

（三）子　部

1. 〔周〕管仲撰，陳慶照，李障天注釋，管子房注釋解，濟南，齊魯書社，2001 年 5 月。

2. 錢穆撰，莊子纂箋，臺北，東大圖書公司，1985 年 11 月重印初版，1993 年 1 月重印 4 版。

3. 〔周〕荀況撰，李滌生集釋，荀子集釋，臺北，臺灣學生書局，1979 年 2 月，1994 年 10 月第 7 次印刷。

4. 〔周〕呂不韋等編撰，陳奇猷校釋，呂氏春秋校釋，臺北，華正書局，1985 年 8 月。

5. 題黃帝撰，李申譯注，陰符經全譯，成都，巴蜀書社，1992，年9月。

6. 〔宋〕莊綽撰，蕭魯陽點校，雞肋編，北京，中華書局，1983年3月，1997年12月湖北第2次印刷，唐宋史料筆記叢刊本。

7. 〔宋〕王應麟撰，〔清〕翁元圻注，翁注困學紀聞，臺北，世界書局，1963年4月。

8. 〔清〕張怡撰，謏聞續筆，中國野史集成編委會、四川大學圖書館編，中國野史集成，成都，巴蜀書社，1993年11月。

9. 〔清〕昭槤撰，何英芳點校，嘯亭雜錄，北京，中華書局，1980年12月，1997年12月湖北第2次印刷，清代史料筆記叢刊本。

10. 顧頡剛撰，顧頡剛讀書筆記，第五卷，臺北，聯經出版事業公司，1990年1月。

11. 顧力仁撰，永樂大典及其輯佚書研究，臺北，文史哲出版社，1985年7月。

（四）集　部

1. 〔周〕屈原等撰，傅錫壬注譯，新譯楚辭讀本，臺北，三民書局，1976年7月。

2. 〔宋〕歐陽修撰，李逸安點校，歐陽修全集，北京，中華書局，2001年3月。

3. 〔宋〕胡宏撰，胡大時編，五峰集，臺北，商務印書館，1983年景印清乾隆間寫文淵閣四庫全書第1137冊。

4. 〔清〕周茂源撰，鶴靜堂集，臺南縣，莊嚴文化事業公司，1997年6月，四庫全書存目叢書，集部，第219冊，據山東省圖書館藏清康熙天馬山房刻本。

5. 〔清〕李光地撰，榕村集，臺北，臺灣商務印書館，1983年景印清乾隆間寫文淵閣四庫全書第1324冊。

6. 〔清〕戴名世撰，王樹民編校，戴名世集，北京，中華書局，1986年2月，2000年9月第2次印刷。

7. 〔清〕李塨撰，恕谷後集，臺北，廣文書局，1965年10月，1989年11月再版影印顏李叢書本。

8. 〔清〕方苞撰，劉季高點校，方苞集，上海，上海古籍出版社，1983年5月。

9. 〔清〕方苞撰，徐天祥，陳蕾點校，方望溪遺集，合肥，黃山書社，1990年12月。

10. 〔清〕陳黃中，東莊遺集，北京，北京出版社，2000年1月，四庫未收書輯刊，第10輯第21冊，據清乾隆大樹齋刻本影印。

11. 〔清〕李紱，穆堂初稿，穆堂別稿，上海，上海古籍出版社，2002 年，續修四庫全第 1421～1422 冊，集部，別集類，據上海圖書館藏清道光十一年奉國堂刻本影印。

12. 〔清〕鄭燮撰，吳可點校，鄭板橋文集，成都，巴蜀書社，1997 年 6 月。

13. 〔清〕杭世駿，道古堂文集，上海，上海古籍出版社，2002 年，續修四庫全書第 1426 冊，集部，別集類，據清乾隆四十一年刻，光緒十四年汪曾唯增修本影印。

14. 〔清〕雷鋐，經笥堂文鈔，清嘉慶十六年伊秉綬校訂刊本。

15. 〔清〕劉大櫆撰，吳孟復選注，劉大櫆文選，合肥，黃山書社，1985 年 7 月。

16. 〔清〕沈廷芳撰，隱拙齋集，濟南，齊魯書社，2001 年 9 月，四庫全書存目叢書補編第 10 冊，據湖北圖書館藏清乾隆刻本影印。

17. 〔清〕全祖望撰，朱鑄禹彙校集注，全祖望集彙校集注，上海，上海古籍出版社 2000 年 12 月。

18. 〔清〕清高宗撰，御製文初集，臺北，國立故宮博物院，1976 年 7 月，清高宗御製詩文全集第 1 冊。

19. 〔清〕盧文弨，抱經堂文集，上海，上海古籍出版社，2002 年，續修四庫全書第 1432 冊，集部，別集類，據清乾隆六十年刻本影印。

20. 〔清〕戴震，東原文集，張岱年主編，戴震全書，第 6 冊，合肥，黃山書社，1995 年 10 月。

21. 〔清〕錢大昕撰，陳文和點校，潛研堂文集，陳文和主編，嘉定錢大昕全集，第 9 冊，南京，江蘇古籍出版社，1997 年 11 月。

22. 〔清〕凌廷堪撰，王文錦點校，校禮堂文集，北京，中華書局，1998 年 2 月。

23. 〔清〕李元度撰，天岳山館文鈔，臺北縣，文海出版社，1969 年 9 月，沈雲龍主編近代中國史料叢刊第四十一輯。

24. 〔清〕蕭穆撰，項純文點校，敬孚類稿，合肥，黃山書社，1992 年 2 月。

25. 錢基博撰，中國文學史，北京，中華書局，1993 年 4 月。

26. 吳孟復撰，桐城文派述論，合肥，安徽教育出版社，2001 年 7 月第 2 版。

27. 許福吉撰，義法與經世—方苞及其文學研究，上海，學林出版社，2001 年 6 月。

二、單篇論文

1. 王鎮遠撰，論方苞的思想，江淮論壇，1985 年第 5 期，頁 80～87，1985 年。

2. 顧頡剛撰，方苞考辨周官的評價——周官辨序，文史第 37 輯，頁 1～7，北京，中華書局，1993 年 2 月。

3. 楊向奎撰，論方苞的經學與理學，孔子研究，1988 年第 3 期（總第 11 期），頁 70～75，1988 年 9 月。

4. 暴鴻昌撰，方苞與康雍時期的理學，中國史研究，1997 年第 2 期（總第 74 期），頁 157～165，1997 年 5 月。

5. 楊向奎撰，方苞「望溪學案」，楊向奎、冒懷辛等撰，清儒學案新編（第 3 卷），頁 29～40，濟南，齊魯書社，1994 年 3 月。

6. 林存陽撰，方苞的三禮學論析，中國社會科學院歷史研究所明清史研究室編，清史論叢，2001 年號，頁 223～233，北京，中國廣播電視出版社，2001 年 9 月。

7. 張高評撰，方苞義法與春秋書法，中央研究院中國文哲研究所籌備處編，清代經學國際研討會論文集，頁 215～246，臺北：中央研究院中國文哲研究所籌備處，1994 年 6 月。

8. 丁亞傑撰，方苞詩經學解經方法，元培科學技術學院通識教育中心編，元培科學技術學院第一屆通識教育學術研討會論文集——通識教育的延續與發展，頁 161～176，新竹，元培科學技術學院通識教育中心，2001 年 7 月。

9. 余秉頤撰，方苞與顏李學派，江淮論壇，1987 年第 3 期，頁 97～100，1987 年。

10. 丁鼎撰，方苞「進士」身份考辨——兼析清代「進士」一名的不同含義，鎮江師專學報，1996 年第 2 期，頁 20～22，1996 年。

11. 王樹民撰，曲折發展的南山集案及其餘波，安徽省社會科學院文學研究所，安慶師範學院中文系，淮北煤炭師範學院中文系編，桐城派研究論文選，頁 193～198，合肥，黃山書社，1986 年 11 月。

12. 惠吉興撰，宋代學者對周禮的爭論，管子學刊，2001 年第 4 期，頁 60～66，2001 年 11 月。

13. 楊世文撰，宋儒「冬官不亡」說平議，四川大學古籍整理研究所，儒藏網，http://www.ruzang.net/&07%20zhengming/ysw003.htm，2004 年 9 月 13 日。

14. 〔日本〕小島毅撰，連清吉譯，冬官未亡說之流行及其意義，楊晉龍主編，元代經學國際研討會論文集，頁 539～558，臺北，中央研究院中國文哲研究所籌備處，2000 年 10 月。

15. 姜廣輝撰，評元代吳澄對禮記的改編，楊晉龍主編，元代經學國際研討會論文集，頁 559～578，臺北，中央研究院中國文哲研究所籌備處，2000 年 10 月。

16. 程克雅撰，敖繼公儀禮集說駁議鄭注儀禮之研究，東華人文學報第 2 期，

頁 291～308，2000 年 7 月。

17. 陳恆嵩撰，禮記集說大全修纂取材來源探究，東吳中文研究集刊第 4 期，頁 124，1997 年 5 月。

18. 林師慶彰撰，明末清初經學研究的回歸原典運動，孔子研究，1989 年第 2 期，頁 100～110，1989 年 6 月。

19. 鄭吉雄撰，乾嘉學者治經方法與體系舉例試釋，蔣秋華主編，乾嘉學者的治經方法，頁 109～139，臺北，中央研究院中國文哲研究所籌備處，2000 年 10 月。

20. 鄭吉雄撰，乾嘉治經方法中的思想史線索——以王念孫讀書雜志為例，林師慶彰、張壽安主編，乾嘉學者的義理學，頁 481～545，臺北，中央研究院中國文哲研究所，2003 年 2 月。

21. 林存陽撰，杭世駿與三禮館，陳祖武主編，明清浙東學術文化研究，頁 708～728，北京，中國社會科學出版社，2004 年 10 月。

22. 曹書杰撰，四庫全書所輯「永樂大典本」之數量辨，古籍整理與研究，第四期，北京，中華書局，1989 年 3 月。

23. 王基倫撰，「春秋筆法」的詮釋與接受，頁 1～11，經典與文化的形成第十次讀書會，中央研究院中國文哲研究所，2004 年 9 月 13 日。

24. 漆永祥撰，漢學師承記史源考辨，祁龍威，林師慶彰主編，清代揚州學術研究，頁 445～470，臺北，臺灣學生書局，2001 年 4 月。

25. 胡雙寶撰，十三經注疏正字作者辨，胡雙寶撰，漢語・漢字・漢文化，頁 383～385，北京，北京大學出版社，1998 年 1 月。

書　影

書影一：《周官集注》

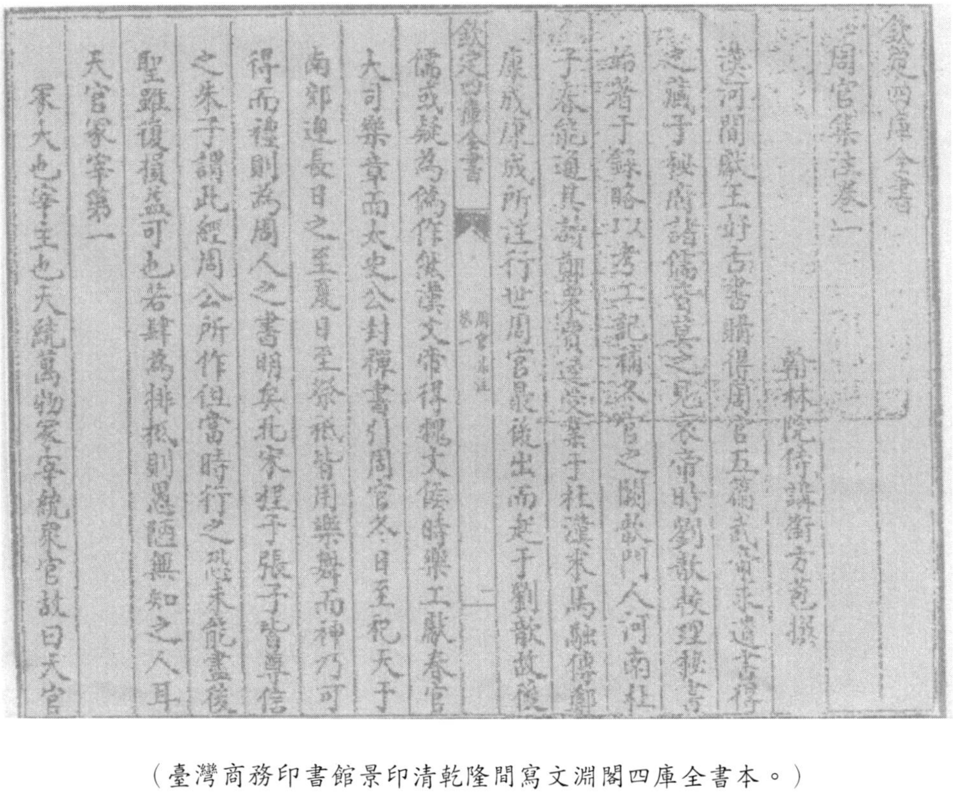

欽定四庫全書

周官集注卷一

翰林院侍講銜方苞撰

漢河間獻王好古書購得周官五篇武帝求遺書得之藏于秘府諸儒莫之見哀帝時劉歆校理秘書始著于錄略以考工記補冬官之闕歆門人河南杜子春能通其讀鄭衆賈逵受業于杜漢末馬融傳鄭康成康成所注行世周官最後出而起于劉歆故後

欽定四庫全書　周官集注　卷一

儒或疑為偽作然漢文帝得魏文侯時樂工獻春官大司樂章而太史公封禪書引周官冬日至祀天于南郊迎長日之至夏日至祭地祇皆用樂舞而神乃可得而禮則為周人之書明矣朱子程子張子皆尊信之朱子謂此經周公所作但當時行之恐未能盡後聖雖復損益可也若肆為排抵則愚陋無知之人耳

天官冢宰第一

冢大也宰主也天統萬物冢宰統衆官故曰天官

（臺灣商務印書館景印清乾隆間寫文淵閣四庫全書本。）

書影二：《周官析疑》

周官析疑卷之一

海寧陳秉之

高安朱可亭同訂

臨桂陳裕門

天官冢宰第一　　　　桐城方苞著

惟王建國辨方正位體國經野設官分職以爲民極

左祖右社面朝後市乃正位之事非體國也王城面九里幾內面五百里近郊遠郊甸稍縣畺之地各有所任人有所宜事取其便皆量國中之體勢以定野外之經制五等之國以次而殺則其野外都邑郊關溝涂大小遠近必與和稱舊說似誤、洪範曰皇建其有極又曰惟時厥庶民于汝極元后作民君師所以爲之極也君與篇乃悉命汝作汝民極公卿師保萬民亦所以爲之極也全經之義盡括於此故六官之首並揭之俾守典者識焉辨方以正位體國以經野設官以分職皆所以安民生定民志而使導

（清康熙至嘉慶間刊抗希堂十六種本。《續修四庫全書》本爲據華東師範大學圖書館藏清康熙六十年陳鵬(原誤爲彭，今逕爲改正)年，雍正九年朱軾，乾隆八年周力堂等遞刻本影印。《四庫全書存目叢書》本爲據北京大學圖書館藏清康熙至嘉慶間刻抗希堂十六種本影印。而兩者實皆爲抗希堂十六種本。此書影據《續修四庫全書》本。）